Comprendre les Cryptomonnaies en 7 Jours

Guide Simple et Efficace pour profiter du prochain Bullrun

Copyright © 2024 par AlexFinances

Tous droits réservés, y compris le droit de reproduire ce livre ou des parties de celui-ci sous quelque forme que ce soit.

Copyright © 2024, AlexFinances-Tous droits réservés

Le contenu de ce livre ne peut être reproduit, dupliqué ou transmis sans l'autorisation écrite de l'auteur ou de l'éditeur. En aucun cas, l'éditeur ou l'auteur ne pourra être tenu responsable de dommages, de réparations ou de pertes monétaires dus aux informations contenues dans ce livre. Que ce soit directement ou indirectement.

Avis juridique

Ce livre est protégé par le droit d'auteur. Il est réservé à un usage personnel. Vous ne pouvez pas modifier, distribuer, vendre, utiliser, citer ou paraphraser une partie ou la totalité du contenu de ce livre sans l'accord de l'auteur ou de l'éditeur.

Avis de non-responsabilité

Veuillez noter que les informations contenues dans ce livre sont uniquement destinées à des fins éducatives et de divertissement. Aucune garantie de quelque nature que ce soit n'est déclarée ou implicite. Les lecteurs reconnaissent que l'auteur ne s'engage pas à fournir des conseils juridiques et financiers. En lisant ce livre, le lecteur accepte que l'auteur ne soit en aucun cas responsable des pertes, directes ou indirectes, subies en raison des informations contenues dans ce livre, y compris celles causées par des erreurs, des omissions ou des inexactitudes.

<u>Le contenu de ce livre ne constitue pas un conseil financier, libre à vous de faire vos propres recherches.</u>

Introduction

Si tu tiens ce livre entre tes mains, c'est sûrement que l'univers des cryptomonnaies te fascine, te questionne, ou même t'intrigue un peu. Peut-être as-tu déjà entendu parler de Bitcoin, d'Ethereum, de blockchain, ou des fameux bullruns (marché haussier) qui déchaînent les passions ?

Tu n'es pas seul : des millions de personnes à travers le monde ressentent cette même curiosité, et pour cause, les cryptomonnaies sont en train de transformer notre vision de la finance, des échanges, et même de la propriété numérique. Mais il y a un hic. Pour beaucoup, comprendre les cryptomonnaies reste compliqué, flou, voire intimidant. Ce n'est pas ton cas, car tu as pris la décision de te former, de manière simple, accessible et en peu de temps. Dans les pages qui suivent, en seulement sept jours (une leçon par jour), tu vas pouvoir explorer cet univers pas à pas, en partant des bases pour aller vers des notions plus concrètes, sans t'encombrer de jargon inutile ou de concepts trop techniques.

L'objectif est clair : t'offrir un guide pratique et direct, pour que tu puisses comprendre, et pourquoi pas, prendre tes premières décisions éclairées dans le monde des cryptos. Chaque jour te réserve un nouvel aspect à découvrir, une étape pour approfondir tes connaissances et renforcer ta confiance. Dès les premiers jours, tu apprendras ce qu'est une cryptomonnaie, pourquoi elle a de la valeur, et comment fonctionnent les portefeuilles qui les stockent.

Ensuite, on passera à des choses plus concrètes : où et comment acheter tes premières cryptos, et quelles stratégies d'investissement te correspondent le mieux. À la fin de ce parcours, tu seras prêt à comprendre les tendances du marché, à sécuriser tes actifs et même à éviter les pièges que rencontrent souvent les nouveaux venus.

Que tu sois ici par curiosité ou pour faire tes premiers pas en tant qu'investisseur, sache que tu es à l'aube d'un voyage passionnant. Les cryptomonnaies ne sont pas seulement une nouvelle technologie, elles ouvrent des portes vers une manière de penser et de gérer la valeur que peu auraient imaginée il y a seulement une décennie.

Pourquoi lire ce livre en 7 jours ?

Dans le monde des cryptomonnaies, il est facile de se perdre entre les termes techniques, les fluctuations de prix, et des informations parfois contradictoires. En suivant un plan quotidien et clair, tu vas pouvoir avancer sereinement. Chaque jour te permettra d'ajouter un nouvel élément à ta compréhension globale pour avancer en toute sécurité.

Ce que tu apprendras dans ce livre

- **Jour 1 à Jour 3** : On commence par les bases. Tu découvriras ce que sont les cryptomonnaies, pourquoi elles ont de la valeur, et comment la technologie de la blockchain les rend si uniques. Ensuite, tu verras comment fonctionne un portefeuille pour stocker et sécuriser tes actifs.

- **Jour 4 et Jour 5** : On entrera dans l'investissement et le trading de cryptomonnaies. Tu apprendras comment acheter et vendre, et quelles stratégies adopter pour optimiser tes investissements tout en réduisant les risques.

- **Jour 6 et Jour 7** : Tu apprendras à aller plus loin dans la sécurisation de tes actifs et à éviter les pièges fréquents, puis on explorera les grandes tendances qui façonnent l'avenir des cryptomonnaies.

Nous verrons également tout au long de l'ouvrage des sites, des outils, et des ressources qui peuvent t'aider à approfondir tes compétences dans chaque domaine.

Table des matières

Pourquoi s'intéresser aux cryptomonnaies maintenant ? 7

L'Origine des Cryptomonnaies : Révolution monétaire dans un système inflatoire 7

Jour 1 : Qu'est-ce qu'une cryptomonnaie ? Définition et explications simplifiées 10
   Comment est-ce que ça fonctionne ? 10
   Quels sont les avantages d'une cryptomonnaie ? 12
   Une nouvelle vision de la monnaie 16
   Les cryptomonnaies les plus connues 16
   Bitcoin : La "Réserve de Valeur" numérique 16
   Ethereum : La blockchain programmable 21
   Les Altcoins : Les alternatives au Bitcoin 26
   Les Stablecoins : Une valeur stable dans un marché volatile 30
   Les Tokens : Des utilités diverses sur les blockchains 34
   Pourquoi toutes ces cryptomonnaies ont-elles leur importance ? 39

Jour 2 : La Blockchain – Le cœur de la cryptomonnaie 40
   Qu'est-ce que la Blockchain ? 40
   Pourquoi la Blockchain change-t-elle notre vision de la confiance ? 44
   Le paradigme de la confiance traditionnelle 45
   La Blockchain : Un système de confiance distribué 46
   Un nouveau modèle de confiance : De la confiance en une institution à la confiance dans un système 47

Jour 3 : Comment fonctionnent les transactions en Cryptomonnaies ? 49
   Les portefeuilles numériques : Ta clé d'accès aux cryptomonnaies 49
   Les clés publiques et privées : La sécurité d'un portefeuille 50
   Sécuriser et gérer son portefeuille 51
   La clé privée : Gardien absolu de tes fonds, à double tranchant 52
   Assumer la responsabilité de tes fonds : Les précautions à prendre 53
   Déroulement d'une transaction en cryptomonnaie 54

Jour 4 : Achat et vente de cryptomonnaies 56
   Les plateformes d'échange : Ta porte d'entrée vers les cryptomonnaies 56
   Types de plateformes d'échange 56
   Étapes pour acheter des cryptomonnaies sur une plateforme centralisée (CEX) 57
   Gérer les frais et les risques 58
   La vente de cryptomonnaies 60
   Comment décider du meilleur moment pour vendre ? 61
   Analyse du marché : Savoir lire les tendances 61
   Gérer ses émotions : ne pas céder à la panique 70

Jour 5 : Stratégies d'investissement en cryptomonnaies - Penser à moyen et long terme 73

Stratégies d'investissement à moyen et long terme 73
Erreurs classiques à éviter pour investir en cryptomonnaies 76
La théorie des cycles de 4 ans dans les cryptomonnaies : L'impact du halving 77
Pourquoi ces cycles semblent-ils si réguliers ? 78
Décomposition d'un cycle de 4 ans 79
Investir selon le cycle de 4 ans 80

Jour 6 : Sécurité des cryptomonnaies – Protéger ses actifs des piratages et des fraudes
.... 83
Meilleures pratiques pour la gestion des clés privées et des seed phrases 83
Identifier les arnaques et fraudes courantes en cryptomonnaies 85
Sécuriser tes transactions : Les précautions essentielles 86

Jour 7 : L'Avenir des cryptomonnaies – Tendances et opportunités pour l'investisseur de demain 88
La Finance Décentralisée (DeFi) : Une révolution technologique et économique du secteur financier.. 88
L'Importance de l'Intelligence Artificielle et son lien avec les cryptomonnaies 90
Projets cryptos prometteurs liés à l'Intelligence Artificielle 92
Les Actifs Réels Tokenisés (RWA) : Une Révolution dans l'Investissement 97
Projets Clés dans l'Espace RWA 98
Le Métavers et les cryptomonnaies : Un monde virtuel alimenté par la Blockchain
.... 101
Projets prometteurs dans la narrative du Métavers 102

Mot de Conclusion 105

Pourquoi s'intéresser aux cryptomonnaies maintenant ?

Les cryptomonnaies et la blockchain, ce n'est plus seulement de la technologie ; c'est une transformation en profondeur de notre façon d'échanger, de créer de la valeur, et même de posséder des objets numériques. À l'heure où les grandes institutions, les gouvernements et les entreprises adoptent ces technologies, une occasion unique s'offre à toi pour comprendre et participer à cette révolution.

Prendre la décision de s'intéresser aux cryptomonnaies, c'est s'ouvrir à un monde où chacun peut contribuer à une économie plus accessible et transparente. En seulement une semaine, tu auras en main les connaissances de base pour te lancer, prendre des décisions éclairées, et t'ouvrir aux possibilités passionnantes qu'offrent les cryptomonnaies.

L'Origine des Cryptomonnaies : Révolution monétaire dans un système inflatoire

Les cryptomonnaies, ces actifs numériques qui suscitent tant d'engouement, n'ont pas vu le jour par hasard. Elles émergent dans un contexte économique complexe, marqué par des crises financières, des inégalités croissantes et un système monétaire jugé instable. Pour bien comprendre leur origine, il est essentiel d'explorer non seulement leur histoire, mais aussi le fonctionnement du système monétaire traditionnel et les raisons qui ont poussé à envisager des alternatives.

L'histoire des cryptomonnaies débute en 2008 avec un événement marquant : la publication d'un livre blanc anonyme intitulé "Bitcoin : A Peer-to-Peer Electronic Cash System" par une entité mystérieuse connue sous le nom de Satoshi Nakamoto. Ce document posait les bases d'un système monétaire décentralisé, permettant aux utilisateurs d'effectuer des transactions directement entre eux, sans intermédiaires comme les banques. Pourquoi une telle initiative ? La réponse réside dans un besoin fondamental de changement.

La vision de Nakamoto était claire : créer une monnaie qui échappe au contrôle des institutions financières. Dans un monde où les crises économiques éclatent avec une régularité déconcertante, et où la confiance dans les banques vacille, le besoin d'un système alternatif devient criant. Le système monétaire traditionnel, dominé par les banques centrales, possède le pouvoir d'imprimer de l'argent à volonté.
Cette pratique, connue sous le nom d'assouplissement quantitatif, est souvent employée pour relancer une économie en difficulté. Mais à quel prix ?

Lorsqu'une banque centrale décide d'injecter de l'argent dans l'économie, elle dilue la valeur de la monnaie en circulation. L'inflation devient alors un ennemi insidieux, érodant le pouvoir d'achat des consommateurs. Imagine-toi dans un monde où le coût de la vie grimpe constamment, où chaque unité de ta monnaie te permet d'acheter de moins en moins. Ce phénomène, loin d'être théorique, a des conséquences tangibles : des pays comme le Zimbabwe ou la République de Weimar en Allemagne ont connu des hyperinflations catastrophiques, où les prix ont explosé et la monnaie a perdu toute sa valeur.

Cette réalité soulève des questions cruciales. Qui contrôle réellement la valeur de notre monnaie ? Pourquoi devrions-nous faire confiance à des institutions qui, à plusieurs reprises, ont montré qu'elles peuvent agir dans leur propre intérêt au détriment du citoyen lambda ? L'inégalité économique se creuse, et ceux qui souffrent le plus de l'inflation sont souvent les plus vulnérables. La capacité des banques centrales à créer de l'argent à leur gré génère un climat de méfiance, poussant certains à rechercher des alternatives. C'est ici que les cryptomonnaies entrent en jeu, comme une réponse audacieuse à ces défis.

Avec leur offre limitée, elles se présentent comme une bouffée d'air frais dans un paysage économique étouffé par l'inflation. Prenons Bitcoin, par exemple : sa création est fixée à 21 millions d'unités, garantissant que sa valeur ne sera pas diluée par une émission excessive. En d'autres termes, elle se distingue par son aspect rare et précieux, à l'image de l'or.

Mais les cryptomonnaies ne se contentent pas de défier l'inflation ; elles réinventent la notion même de confiance. En permettant aux utilisateurs de détenir et de transférer leurs actifs sans intermédiaire, elles donnent aux individus un pouvoir financier accru. Finis les frais bancaires, les délais d'attente et la dépendance à des institutions dont les décisions peuvent impacter nos vies. Les transactions sont transparentes et sécurisées, enregistrées sur un grand livre public, la blockchain, qui rend la fraude et la manipulation beaucoup plus difficiles.

Cependant, cette révolution n'est pas sans défis. Les cryptomonnaies présentent aussi des risques, allant des fluctuations de valeur abruptes aux questions de sécurité. L'absence de réglementation peut créer un environnement propice aux arnaques et aux pertes. Mais face à un système monétaire traditionnel souvent jugé obsolète et fragile, les cryptomonnaies offrent une alternative qui mérite d'être explorée.

Dans un monde où la confiance dans les institutions financières est remise en question, es-tu prêt à envisager un avenir où les cryptomonnaies pourraient jouer un rôle central dans l'économie mondiale ? La véritable question qui se pose est celle de la responsabilité et de la confiance. Alors que les cryptomonnaies gagnent en popularité, il est crucial d'évaluer si elles peuvent réellement constituer une solution durable, ou si elles ne sont qu'une réaction temporaire à un système que nous devons repenser en profondeur.

Cette quête d'un équilibre entre innovation et prudence pourrait bien déterminer notre avenir financier. Les cryptomonnaies ne sont pas seulement un moyen d'échange ; elles incarnent une vision d'un système économique plus juste et plus transparent.

Jour 1 : Qu'est-ce qu'une cryptomonnaie ? Définition et explications simplifiées

Pour commencer, imaginons un instant la cryptomonnaie comme une nouvelle forme de monnaie numérique. Elle n'existe que sous forme électronique et ne dépend d'aucune autorité centrale, comme une banque ou un gouvernement, pour fonctionner. Au lieu de cela, elle repose sur une technologie appelée blockchain, que nous détaillerons plus loin.

Une cryptomonnaie, en termes simples, est une monnaie numérique qui utilise la cryptographie, des techniques de codage et de sécurité afin de garantir des transactions sûres et anonymes. La cryptographie sert à protéger l'identité des utilisateurs et à sécuriser chaque transaction.

Pourquoi "crypto" et pourquoi "monnaie" ?

- "Crypto" vient de cryptographie, une méthode de codage complexe qui permet de sécuriser les informations, rendant les transactions plus sûres et limitant les risques de fraude.

- "Monnaie" fait référence à sa fonction principale : échanger de la valeur. Une cryptomonnaie peut être utilisée pour acheter des biens et des services, envoyer de l'argent ou même faire des investissements, un peu comme une monnaie traditionnelle. Cependant, elle ne prend pas de forme physique, comme des billets ou des pièces.

Comment est-ce que ça fonctionne ?

Au cœur de la cryptomonnaie se trouve la blockchain, une sorte de grand registre numérique partagé entre tous les utilisateurs d'une cryptomonnaie. Imagine une immense liste de transactions, accessible à tous, que personne ne peut modifier sans que ce soit visible pour les autres.

Cela rend les transactions transparentes, infalsifiables et ne nécessitant pas de tierce partie pour les vérifier, comme une banque le ferait pour une transaction classique.

Chaque fois que tu fais une transaction, celle-ci est ajoutée à un bloc, un peu comme une page dans un livre de comptes. Ce bloc est ensuite relié aux blocs précédents pour former une chaîne continue : la blockchain. Ainsi, chaque transaction est enregistrée pour toujours et visible par tous, sans possibilité de falsification.

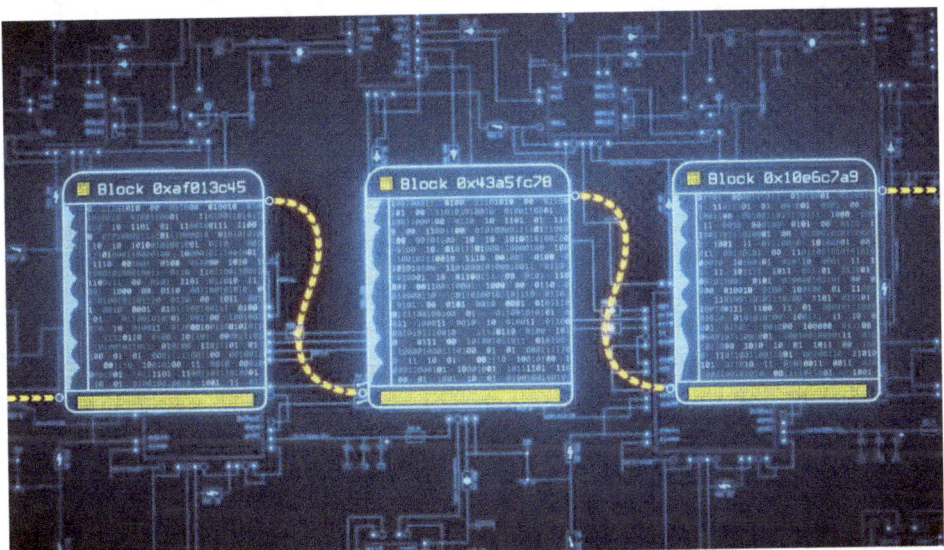

Quels sont les avantages d'une cryptomonnaie ?

Décentralisation : Un pouvoir entre les mains des utilisateurs

L'un des traits les plus distinctifs des cryptomonnaies est leur décentralisation. Contrairement aux monnaies traditionnelles, contrôlées par des gouvernements ou des institutions financières comme les banques centrales, les cryptomonnaies fonctionnent sur un réseau décentralisé de participants. Ce réseau (blockchain), est constitué de milliers de nœuds (ordinateurs) répartis dans le monde entier, qui valident et vérifient chaque transaction sans avoir besoin d'une autorité centrale.

Cette décentralisation a des avantages majeurs :

- Éviter la censure : Puisqu'aucune entité ne contrôle entièrement le réseau, il est difficile pour un gouvernement ou une institution d'empêcher une transaction ou de bloquer un compte.

- Transparence et immutabilité : Les transactions sont enregistrées publiquement et de façon permanente sur la blockchain, ce qui limite les fraudes. Une fois qu'une transaction est validée, elle devient presque impossible à modifier, garantissant un historique fiable et immuable.

- Sécurité par répartition : Avec des milliers de participants qui vérifient les transactions, il est extrêmement difficile pour un acteur malveillant de prendre le contrôle du réseau.

Exemple : Bitcoin, la première cryptomonnaie, est complètement décentralisée et ne peut pas être contrôlée par une entité unique. Cela signifie qu'elle peut être utilisée et transférée partout dans le monde, sans risque de censure ou d'ingérence.

Transparence : Un système clair et accessible à tous

La transparence est l'une des pierres angulaires des cryptomonnaies. Grâce à la technologie de la blockchain, toutes les transactions sont enregistrées de manière publique et accessible à tout moment. Cela signifie que chaque transfert de fonds, émission de nouveaux tokens, ou mise à jour du réseau est visible et vérifiable par n'importe qui.

- Accès à l'information : Les utilisateurs peuvent vérifier la quantité de cryptomonnaie détenue par n'importe quelle adresse, les historiques de transactions, et même la programmation des smart contracts (contrats intelligents).

- Confiance renforcée : La transparence de la blockchain permet aux utilisateurs de contrôler le fonctionnement du réseau et d'en garantir la sécurité sans devoir faire aveuglément confiance à des intermédiaires financiers.

- Responsabilité collective : Puisque tout est public, les développeurs et gestionnaires de projets cryptos sont tenus responsables des actions et des décisions qui affectent les fonds des utilisateurs.

Exemple : La plateforme Ethereum, en tant que blockchain programmable, permet à quiconque de consulter le code des contrats intelligents, ce qui renforce la sécurité et la confiance des utilisateurs.

Sécurité : Des transactions résistantes aux fraudes

La sécurité est une priorité absolue dans l'univers des cryptomonnaies, et elle est renforcée par des mécanismes comme la cryptographie avancée et la vérification distribuée. Les transactions sont signées par des clés cryptographiques uniques et sont vérifiées par des nœuds indépendants avant d'être ajoutées à la blockchain.

- Protection contre le piratage : Contrairement aux banques, qui centralisent les données des utilisateurs, les cryptomonnaies répartissent les informations à travers un réseau décentralisé, rendant le piratage très difficile.

- Intégrité des transactions : Une fois qu'une transaction est validée et inscrite dans la blockchain, elle ne peut plus être modifiée. Ce système garantit l'intégrité des fonds et protège contre les manipulations.

- Confidentialité : Les cryptomonnaies permettent des transactions pseudonymes, offrant un certain degré de confidentialité aux utilisateurs tout en conservant la transparence.

Accessibilité Mondiale : Un système financier sans frontières

Les cryptomonnaies sont accessibles à toute personne disposant d'une connexion Internet, ce qui représente un atout majeur pour les millions de personnes non bancarisées dans le monde. Contrairement aux banques, qui peuvent exiger des pièces d'identité ou des documents de résidence, les cryptomonnaies offrent une alternative financière sans discrimination d'origine, de statut ou de localisation géographique.

- Transferts internationaux instantanés : Les transferts de cryptomonnaie sont rapides et ne nécessitent aucun intermédiaire comme une banque ou un service de transfert d'argent.

- Frais réduits : Les cryptomonnaies permettent de réduire les frais d'envoi de fonds, particulièrement pour les transferts internationaux où les frais bancaires et de conversion de devises peuvent être élevés.

- Participation économique : Les cryptomonnaies offrent la possibilité à des populations exclues du système financier traditionnel de participer à l'économie mondiale, d'épargner et même d'investir.

Exemple : Le Bitcoin peut être envoyé de n'importe quel pays à un autre en quelques minutes, pour un coût minimal, comparé aux transferts bancaires internationaux qui peuvent prendre plusieurs jours.

Rareté et protection contre l'inflation

Certaines cryptomonnaies, comme le Bitcoin, ont un approvisionnement limité, ce qui les rend résistantes à l'inflation. La majorité des monnaies fiduciaires (euro, dollar, etc.) peuvent être imprimées en grande quantité par les banques centrales, ce qui augmente leur offre et peut entraîner une baisse de leur valeur.

- Offre limité et déflation : Avec un maximum de 21 millions de bitcoins, Bitcoin est conçu pour être déflationniste, ce qui signifie que sa valeur pourrait augmenter avec le temps si la demande continue de croître.

- Protection contre la dépréciation : En possédant des cryptomonnaies, certains utilisateurs estiment se protéger contre l'inflation que connaissent les monnaies traditionnelles. Lorsque la banque centrale imprime de la monnaie pour stimuler l'économie, la valeur des monnaies fiduciaires peut diminuer, mais cela n'est pas possible pour les cryptomonnaies au nombre fixé.

- Diversification et épargne : Les cryptomonnaies permettent aux utilisateurs de diversifier leurs avoirs et d'envisager des stratégies d'épargne qui ne dépendent pas de la politique monétaire des banques centrales.

Exemple : Bitcoin est souvent appelé "l'or numérique" pour sa rareté, et de nombreux investisseurs le considèrent comme une réserve de valeur qui protège leur pouvoir d'achat à long terme.

Une nouvelle vision de la monnaie

Les cryptomonnaies ne représentent pas seulement une technologie ou un investissement ; elles incarnent une philosophie d'indépendance financière et une vision de l'économie mondiale où les individus peuvent reprendre le contrôle de leur argent. Les avantages qu'elles offrent : transparence, décentralisation, sécurité, accessibilité et rareté remettent en question les systèmes monétaires traditionnels et proposent une alternative moderne qui attire de plus en plus d'utilisateurs.

En décentralisant les transactions et en rendant le système financier plus accessible et transparent, les cryptomonnaies ouvrent la voie à un système monétaire inclusif et innovant, où **la confiance repose dans le réseau et non dans les institutions.**

Les cryptomonnaies les plus connues

Maintenant que tu comprends ce qu'est une cryptomonnaie, intéressons-nous aux types principaux et aux caractéristiques qui les différencient. Il existe aujourd'hui des milliers de cryptomonnaies, chacune avec ses propres spécificités et son rôle unique dans l'écosystème.

Bitcoin : La "Réserve de Valeur" numérique

Bitcoin, souvent qualifié d'"or numérique" marque une véritable rupture avec le système financier traditionnel. À l'origine, son but était simple mais ambitieux : devenir une alternative au système monétaire actuel, une monnaie d'échange décentralisée qui ne dépend d'aucune autorité centrale ni d'aucune institution financière pour fonctionner. Mais au fil des années, Bitcoin a évolué pour devenir bien plus qu'un simple moyen de transaction ; il s'est transformé en une réserve de valeur, une sorte de "digital gold" pour les investisseurs et les amateurs de technologie.

Fonctionnement du Bitcoin : La preuve de travail

Bitcoin repose sur un mécanisme de validation des transactions appelé Proof of Work (PoW), ou "preuve de travail". Ce système, souvent désigné par le terme "minage", est essentiel pour garantir la sécurité et la décentralisation du réseau. Mais comment fonctionne-t-il exactement ? Lorsque quelqu'un souhaite effectuer une transaction en Bitcoin, celle-ci n'est pas validée par une banque ou un tiers de confiance comme dans le système traditionnel. Au lieu de cela, elle est incluse dans un bloc qui doit être vérifié par les mineurs, un réseau mondial d'ordinateurs puissants connectés pour maintenir la sécurité et la fiabilité du système.

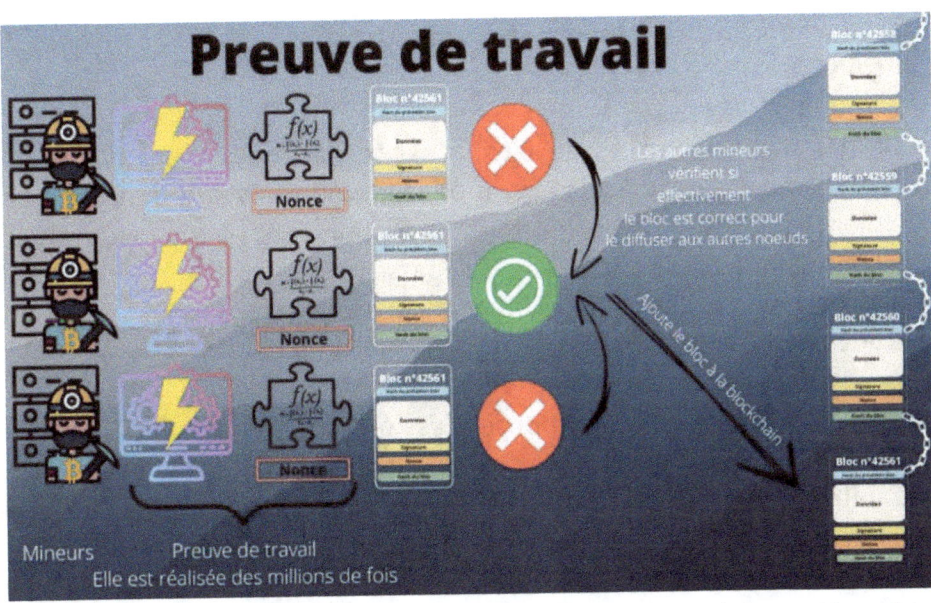

Exemple du Minage : Pour valider un bloc, les mineurs doivent résoudre des problèmes mathématiques complexes, appelés "puzzles cryptographiques." Ces calculs nécessitent une grande puissance de traitement et consomment de l'énergie. Une fois qu'un mineur résout le puzzle, le bloc est validé et ajouté à la blockchain, le grand registre public des transactions Bitcoin. En échange de leur travail, les mineurs reçoivent des bitcoins fraîchement créés en guise de récompense. C'est cette activité de minage qui sécurise le réseau Bitcoin et garantit que seules les transactions légitimes sont incluses dans la blockchain.

Pourquoi la Proof of Work est-elle si Importante ?

La Proof of Work rend toute tentative de fraude très difficile et coûteuse. Par exemple, si quelqu'un voulait tricher en modifiant une transaction dans un bloc déjà validé, il devrait résoudre le puzzle non seulement pour ce bloc, mais aussi pour tous les blocs qui le suivent dans la chaîne. Plus la blockchain est longue, plus il devient pratiquement impossible de modifier les transactions passées. Ce mécanisme garantit que le registre des transactions est immuable, c'est-à-dire qu'il ne peut être modifié une fois enregistré. Ce processus rend le réseau hautement sécurisé et protège les utilisateurs contre les falsifications et les doubles dépenses, où une personne pourrait tenter de dépenser le même bitcoin deux fois.

Rareté et approvisionnement limité : Pourquoi seulement 21 millions de bitcoins ?

L'un des aspects uniques de Bitcoin est son approvisionnement limité. Contrairement aux monnaies traditionnelles, qui peuvent être imprimées à volonté par les banques centrales, le Bitcoin a un plafond strict de 21 millions d'unités qui ne sera jamais dépassé.
Cet aspect est crucial, car il crée une rareté similaire à celle de l'or, faisant de Bitcoin une réserve de valeur résistante à l'inflation.

Pourquoi 21 millions ? La réponse n'est pas entièrement claire, mais la théorie est que ce nombre a été choisi pour garantir une valeur intrinsèque au bitcoin et pour éviter les problèmes inflationnistes du système monétaire actuel. En effet, lorsque toutes les unités de Bitcoin seront en circulation, personne ne pourra en créer davantage, empêchant ainsi l'inflation qui découle de l'impression excessive de monnaie.

Pour illustrer cela, comparons Bitcoin à une monnaie fiduciaire comme le dollar. En temps de crise, la Réserve fédérale des États-Unis peut décider d'imprimer davantage de dollars pour stimuler l'économie. Mais cette création monétaire dilue la valeur de chaque dollar existant, ce qui peut mener à une perte de pouvoir d'achat pour les consommateurs. Bitcoin, en revanche, suit une courbe de création dégressive : les récompenses en bitcoins offertes aux mineurs sont divisées par deux tous les quatre ans, dans un événement appelé "halving". Ce processus continuera jusqu'à ce que la dernière fraction de Bitcoin soit minée aux alentours de l'année 2140.

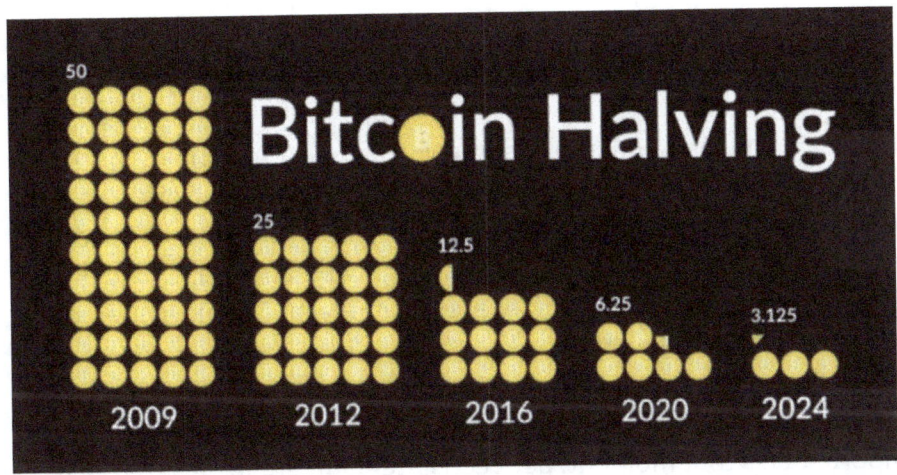

Bitcoin en tant que réserve de valeur : La "Numérisation de l'Or"

L'aspect rareté du Bitcoin, combiné à sa décentralisation et sa sécurité, en fait une réserve de valeur unique dans le monde numérique. Tout comme l'or, il est rare et difficile à produire, et comme l'or, il est indépendant des gouvernements et des institutions.

Avec les monnaies traditionnelles, l'inflation diminue la valeur de l'épargne au fil du temps. Pour se protéger, beaucoup d'investisseurs achètent de l'or ou d'autres actifs. Bitcoin, surnommé l'"or numérique", est devenu une alternative populaire pour les investisseurs cherchant à diversifier leurs portefeuilles et à se protéger contre les effets de l'inflation.

Là où l'or est tangible, lourd, difficile à transporter et à diviser en fractions, le Bitcoin est immatériel, rapide à transférer et divisible jusqu'à la plus petite unité, le "Satoshi" (0,00000001 BTC), ce qui le rend accessible à tout le monde.

Exemple : Un investisseur peut acheter pour quelques dollars de Bitcoin ou des millions, et ce, n'importe où dans le monde, sans se soucier des frontières ou des réglementations de change. Cela n'est pas possible avec l'or, qui nécessite souvent des frais d'assurance et de stockage élevés pour les grosses quantités.

Bitcoin et la Confiance : Une infrastructure sans intermédiaire

L'un des aspects fondamentaux de Bitcoin est qu'il fonctionne sans besoin de tiers de confiance. Cela signifie qu'une personne peut effectuer une transaction vers une autre personne sans passer par une banque, une société de carte de crédit ou un organisme gouvernemental. La blockchain permet cette relation de confiance en s'appuyant sur un code source transparent et un réseau distribué.

Chaque transaction est enregistrée sur la blockchain, ce qui signifie que n'importe qui, à tout moment, peut consulter l'intégralité des transactions passées de manière anonyme. Si quelqu'un veut vérifier si une transaction a bien été effectuée, il peut le faire directement en consultant la blockchain.

Cette structure permet une autonomie financière sans précédent, où les utilisateurs conservent le contrôle total de leurs actifs sans se soucier des manipulations potentielles d'un gouvernement ou d'une banque centrale.

Bitcoin, un nouvel âge pour l'épargne et les transactions

Le Bitcoin ne se contente pas d'être une cryptomonnaie, il représente une vision nouvelle et radicale de la façon dont les individus peuvent épargner, investir et gérer leur argent sans dépendre d'une autorité centrale. En combinant la rareté de l'or, la sécurité d'un réseau décentralisé, et une transparence totale, Bitcoin se distingue comme une réserve de valeur numérique, capable de résister aux chocs économiques et de protéger les utilisateurs de l'inflation.

Alors que les économies évoluent et que les inquiétudes grandissent face aux politiques inflationnistes des banques centrales, Bitcoin offre une alternative qui fait réfléchir. Dans un monde où la valeur de l'argent fluctue au gré des décisions des institutions, Bitcoin pose une question fondamentale : est-il possible de créer un système monétaire équitable, transparent, et résistant aux manipulations ?

Ethereum : La blockchain programmable

Ethereum, la deuxième cryptomonnaie la plus connue après Bitcoin, va bien au-delà du rôle de simple monnaie d'échange. Conçu par Vitalik Buterin en 2013 et lancé officiellement en 2015, Ethereum a introduit une nouvelle vision de la blockchain, en la transformant en une plateforme programmable et décentralisée. Contrairement à Bitcoin, qui se concentre principalement sur la sécurité et la décentralisation des transactions financières, Ethereum s'ouvre à un champ bien plus large : il permet de créer des applications décentralisées (ou dApps) et des contrats intelligents (smart contracts), ouvrant ainsi la voie à un véritable "ordinateur mondial" sur lequel tout le monde peut développer et exécuter des programmes.

Fonctionnement d'Ethereum : Les contrats intelligents et la machine virtuelle ethereum

Ethereum repose sur une innovation cruciale : les contrats intelligents. Ces programmes, une fois déployés sur la blockchain, peuvent s'exécuter de manière autonome dès que des conditions prédéfinies sont remplies. Imaginons un contrat intelligent simple qui déverrouille des fonds pour un fournisseur dès qu'un produit est livré. Tant que les conditions sont remplies, le contrat s'exécute automatiquement sans besoin d'intermédiaire. Cela réduit les frais, accélère les transactions et, surtout, élimine le risque de fraude. Pour faciliter l'exécution de ces programmes, Ethereum utilise la Machine Virtuelle Ethereum (EVM), un environnement qui exécute les contrats intelligents de manière sécurisée et décentralisée. L'EVM est comme un ordinateur distribué sur le réseau Ethereum, dans lequel chaque nœud joue un rôle en vérifiant les transactions et l'exécution des contrats.

Exemple d'application : Supposons qu'une organisation décide de créer une application de prêt décentralisé. Plutôt que de passer par une banque, les utilisateurs pourraient prêter et emprunter des fonds directement les uns des autres via un contrat intelligent Ethereum. Le contrat détiendrait les fonds, gérerait les remboursements et calculerait les intérêts de manière automatique, sans intervention humaine.

L'Innovation de la décentralisation : Les applications décentralisées (dApps)

Avec Ethereum, tout développeur peut créer des applications décentralisées (dApps) fonctionnant sur la blockchain. Ces dApps offrent une alternative aux applications centralisées traditionnelles en se libérant de l'influence d'un serveur central ou d'un fournisseur de services.

Exemple concret : Prenons le cas de Uniswap, une plateforme d'échange décentralisée. Contrairement aux échanges centralisés, où les utilisateurs doivent déposer leurs fonds dans une plateforme contrôlée par une entreprise, Uniswap fonctionne entièrement sur la blockchain Ethereum, grâce à des contrats intelligents. Les utilisateurs échangent directement leurs tokens en interagissant avec ces contrats, éliminant le besoin d'un tiers de confiance pour sécuriser les transactions.

L'importance des dApps réside dans la liberté qu'elles offrent : tout le monde peut les utiliser, personne ne peut les contrôler, et leur code est ouvert, garantissant transparence et sécurité. Grâce à Ethereum, nous voyons apparaître des jeux, des plateformes de finance décentralisée (DeFi), et même des réseaux sociaux, tous fonctionnant de manière autonome et sans intervention centrale.

Proof of Stake : Un modèle de validation plus écologique

À l'origine, Ethereum fonctionnait comme Bitcoin avec un mécanisme de Proof of Work (preuve de travail) pour valider les transactions. Cependant, ce système consomme énormément d'énergie. En 2022, Ethereum a fait une transition historique vers un modèle appelé Proof of Stake (preuve d'enjeu), plus écologique et efficace. Ce changement, appelé "la Fusion" (The Merge), a permis de réduire drastiquement la consommation énergétique du réseau. Dans le modèle Proof of Stake, ce ne sont plus des mineurs qui valident les blocs, mais des validateurs. Ces validateurs doivent verrouiller un certain nombre d'Ethers (ETH) en tant que garantie pour pouvoir participer à la validation des transactions.

Ce système incite les validateurs à agir de manière honnête, car s'ils tentent de tricher, ils risquent de perdre leur mise. En plus d'être moins énergivore, le Proof of Stake permet également une meilleure évolutivité, rendant Ethereum plus rapide et plus accessible.

Exemple de fonctionnement : Imaginons un validateur qui met en jeu (stake = déposer un certain nombre d'ethereum) 32 Ethers pour participer à la validation des blocs. Ce validateur est sélectionné aléatoirement pour valider des transactions, et en retour, il reçoit des récompenses sous forme de nouveaux Ethers. Cependant, si le validateur tente de tricher ou de manipuler une transaction, il perd une partie, voire la totalité, de sa mise.

Ethereum : Un "Ordinateur Mondial" et la fondation de la finance décentralisée (DeFi)

En offrant la possibilité de créer des contrats intelligents et des applications décentralisées, Ethereum est devenu la pierre angulaire de la finance décentralisée (DeFi). La DeFi permet aux utilisateurs d'accéder à des services financiers tels que les prêts, les emprunts, l'épargne et le trading, sans passer par des banques ou des institutions financières. Tout cela se fait directement sur la blockchain, via des contrats intelligents.

Cas d'usage DeFi : Un utilisateur souhaitant prêter ses actifs pour gagner des intérêts peut le faire directement sur une plateforme DeFi comme Aave ou Compound. Il dépose ses fonds dans un contrat intelligent, et d'autres utilisateurs peuvent emprunter ces fonds en fournissant des garanties. Tout est géré de manière transparente et sécurisée, sans nécessité de remplir des formulaires ou d'attendre l'approbation d'une institution.

La finance décentralisée, rendue possible par Ethereum, se développe à un rythme rapide. Les utilisateurs peuvent contrôler leurs actifs en toute autonomie, ce qui offre un avantage significatif dans des régions du monde où les banques sont peu accessibles ou coûteuses. Ethereum donne littéralement à chacun la possibilité de participer à un système financier global.

L'Écosystème Ethereum : Des projets innovants dans divers domaines

Outre la DeFi, l'écosystème Ethereum a donné naissance à des innovations dans plusieurs domaines. En plus des plateformes de prêt et d'échange, on retrouve des applications dans les domaines des tokens non fongibles (NFT), des DAO (organisations autonomes décentralisées), des jeux vidéo, et même des certifications de diplômes.

- NFTs (Non-Fungible Tokens) : Les NFTs sont des certificats numériques uniques, généralement associés à des œuvres d'art, de la musique, des objets de collection et des biens virtuels dans les jeux vidéo. Les NFT permettent aux artistes de monétiser leurs créations directement auprès de leurs fans, et les acheteurs peuvent prouver la propriété de l'œuvre grâce à la blockchain.

- DAO (Organisation Autonome Décentralisée) : Les DAO permettent à des groupes de personnes de se coordonner et de prendre des décisions sans hiérarchie centrale. Par exemple, un groupe de passionnés d'art peut créer un DAO pour acheter des œuvres d'art, chaque membre détenant un droit de vote proportionnel à son investissement dans le DAO.

- Gaming : Ethereum accueille également de nombreux jeux vidéo basés sur la blockchain, tels que Axie Infinity. Dans ces jeux, les joueurs peuvent posséder, acheter, vendre et échanger des éléments virtuels qui ont une valeur réelle.

En résumé : Ethereum, une révolution technologique et économique

Ethereum n'est pas seulement une cryptomonnaie, c'est une plateforme universelle qui ouvre des possibilités infinies en matière d'innovation. En permettant aux développeurs de créer des applications décentralisées et des contrats intelligents, Ethereum pose les bases d'une économie mondiale alternative où les individus sont autonomes, où les transactions sont transparentes et où les services sont accessibles à tous.

Ethereum est devenu bien plus qu'un actif spéculatif ; c'est un laboratoire d'innovation mondiale. En offrant une infrastructure pour la finance décentralisée, les organisations autonomes, et les actifs numériques, il redéfinit les contours d'une économie plus ouverte et plus inclusive. La question qui se pose alors est : dans un monde où les infrastructures centralisées peuvent être limitées, surveillées, et contrôlées, quelle sera la place d'Ethereum dans la réorganisation des systèmes financiers et technologiques de demain ?

Les Altcoins : Les alternatives au Bitcoin

Les altcoins, un terme dérivé de "alternative coins," désignent toutes les cryptomonnaies qui ne sont pas le Bitcoin. Depuis la création de Bitcoin en 2009, des milliers d'autres cryptomonnaies ont vu le jour, chacune avec des caractéristiques et des objectifs spécifiques. Certaines de ces cryptos, comme Ripple (XRP) ou Litecoin (LTC), cherchent à améliorer des aspects techniques du Bitcoin, comme la vitesse des transactions ou la consommation énergétique. D'autres, comme Cardano (ADA) et Polkadot (DOT), visent à résoudre des problèmes technologiques avancés, notamment en améliorant la scalabilité et en facilitant l'interopérabilité entre blockchains. Ensemble, les altcoins forment un écosystème diversifié où chaque projet tente d'apporter des solutions innovantes à des besoins variés.

Catégories d'Altcoins : Des approches variées pour des problèmes spécifiques

Les altcoins sont souvent regroupés en plusieurs catégories, chacune se concentrant sur un domaine d'amélioration ou une fonctionnalité particulière.

Altcoins de Paiement : Ces cryptomonnaies sont conçues pour être des moyens d'échange rapides et économiques, souvent en compétition directe avec Bitcoin.

Exemple : Actuellement, MultiversX peut traiter jusqu'à **15 000 transactions par seconde (TPS)**, ce qui est bien supérieur aux blockchains classiques comme Bitcoin (~7 TPS) ou même Ethereum (~30 TPS dans sa version actuelle). Cette capacité de traitement permet à MultiversX de rivaliser avec les performances des réseaux de paiement traditionnels, en plus d'avoir des frais de transaction extrêmement bas (souvent inférieurs à un centime).

Altcoins de Plateforme : Ces cryptomonnaies permettent la création d'applications décentralisées (dApps) et de contrats intelligents. Ethereum en est le principal représentant, mais de nombreuses autres plateformes ont émergé avec des solutions techniques différentes.

Exemple : Cardano (ADA) – Fondé par Charles Hoskinson, l'un des cofondateurs d'Ethereum, Cardano vise à améliorer la scalabilité, la sécurité et la durabilité. Il utilise une méthodologie scientifique et un mécanisme de Proof of Stake évolué appelé Ouroboros, pour améliorer l'efficacité énergétique et réduire le coût des transactions.

Altcoins de Finance Décentralisée (DeFi) : Ces tokens alimentent des écosystèmes de finance décentralisée, offrant des services financiers comme le prêt, l'épargne et l'échange directement sur la blockchain.

Exemple : Uniswap est un protocole décentralisé pour l'échange de cryptomonnaies. Avec UNI comme token de gouvernance, les utilisateurs peuvent proposer et voter sur les changements du protocole, rendant la plateforme véritablement décentralisée.

Altcoins de Confidentialité : Ces cryptos sont conçus pour garantir la confidentialité et l'anonymat des transactions, souvent en réponse aux préoccupations croissantes en matière de surveillance et de protection des données.

Exemple : Monero (XMR) – Monero est conçu pour être intraçable, rendant ses transactions presque anonymes. Contrairement à Bitcoin, dont les transactions sont visibles publiquement sur la blockchain, Monero utilise des technologies de cryptographie avancées pour dissimuler les détails des transactions, comme les montants et les adresses.

Altcoins d'Interopérabilité : Ces cryptomonnaies permettent de relier différentes blockchains entre elles, pour faciliter le transfert de données et de valeur entre plusieurs réseaux.

Exemple : Polkadot (DOT) – Fondé par Gavin Wood, un autre cofondateur d'Ethereum, Polkadot est conçu pour permettre la communication entre blockchains. Polkadot utilise un modèle innovant de parachains, des chaînes indépendantes mais interconnectées, permettant à divers projets de collaborer et de s'intégrer dans un écosystème global.

Pourquoi tant de variété parmi les Altcoins ?

Alors que Bitcoin a ouvert la voie en tant que première cryptomonnaie, il possède des limites inhérentes qui sont devenues de plus en plus visibles à mesure que la technologie blockchain a évolué. Les altcoins cherchent donc à combler ces lacunes et à répondre aux différents besoins du marché en utilisant des approches variées.

Par exemple :

Problème de Scalabilité : Avec l'adoption croissante des cryptomonnaies, la capacité de traiter un grand nombre de transactions par seconde devient essentielle. Bitcoin étant limité dans ce domaine, des altcoins comme Cardano, Multiversx, Solana ont émergé pour offrir des solutions plus rapides et extensibles.

Consommation Énergétique : Le modèle de Proof of Work de Bitcoin consomme beaucoup d'énergie, ce qui a poussé des projets comme Ethereum (après la Fusion) et Cardano à adopter le modèle Proof of Stake, qui réduit drastiquement l'empreinte écologique.

Interconnexion entre Blockchains : Les altcoins comme Polkadot et Cosmos cherchent à résoudre un problème majeur pour l'adoption de masse : comment permettre aux différentes blockchains de communiquer et d'échanger des informations, une fonction vitale pour la collaboration entre réseaux.

Les Altcoins et leur impact dans l'écosystème des cryptomonnaies

L'importance des altcoins s'étend bien au-delà de leurs simples rôles respectifs. Ils ont initié une dynamique d'innovation rapide, contribuant à élargir le champ des applications possibles pour la technologie blockchain.

La Finance Décentralisée (DeFi) – Des altcoins comme Uniswap (UNI) et Aave (AAVE) ont transformé les services financiers. Par exemple, les utilisateurs peuvent maintenant prêter et emprunter sans passer par des banques traditionnelles. La DeFi permet également d'économiser sur les frais de transaction et de contourner les restrictions géographiques et réglementaires.

Les NFTs et la Propriété Numérique – Ethereum et d'autres altcoins ont permis l'émergence des NFT, des certificats numériques uniques qui ouvrent de nouvelles voies pour la propriété et la création artistique numérique.

Gouvernance Décentralisée – Les tokens de gouvernance, tels que UNI pour Uniswap ou COMP pour Compound, offrent aux détenteurs de tokens un pouvoir de décision dans l'évolution des projets. Cela confère aux utilisateurs un rôle actif et direct dans le développement des protocoles.

Les altcoins, en diversifiant les options technologiques, permettent à chaque utilisateur d'interagir avec la blockchain de manière plus ciblée, en fonction de ses besoins spécifiques. Ils élargissent l'écosystème, en introduisant des concepts comme la gouvernance communautaire, la gestion décentralisée des actifs et même des applications qui pourraient remplacer de nombreux services centralisés dans le futur.

En résumé : Les altcoins comme moteurs de l'innovation blockchain

En résumé, les altcoins représentent bien plus qu'une simple alternative à Bitcoin ; ils incarnent l'innovation, la diversification et l'expérimentation au sein de l'écosystème des cryptomonnaies. En cherchant à résoudre les limitations de Bitcoin, ils contribuent au développement de solutions nouvelles qui pourraient transformer plusieurs industries, des services financiers à l'art numérique, en passant par les systèmes de gouvernance. Leurs approches variées et leurs ambitions de résolution de problèmes rendent les altcoins essentiels pour l'évolution future de la blockchain et des cryptomonnaies.

Dans un monde où les services financiers, la confidentialité des transactions, et l'interconnexion numérique deviennent des enjeux majeurs, les altcoins ouvrent la voie à une économie numérique plus décentralisée, plus accessible et potentiellement plus équitable.

Les Stablecoins : Une valeur stable dans un marché volatile

Le monde des cryptomonnaies est souvent comparé à un océan agité, où les prix peuvent monter et descendre de manière spectaculaire en l'espace de quelques heures. Dans cet environnement imprévisible, les stablecoins jouent un rôle essentiel en apportant de la stabilité. Contrairement aux autres cryptomonnaies dont la valeur fluctue selon la demande, l'offre et le sentiment du marché, les stablecoins sont conçus pour maintenir une valeur fixe, généralement adossée à une monnaie fiduciaire comme le dollar américain (USD). Cette stabilité les rend très attractifs pour les investisseurs et utilisateurs souhaitant profiter des avantages de la blockchain tout en minimisant le risque de volatilité extrême.

Les Types de Stablecoins : Différentes approches pour garantir la stabilité

Il existe plusieurs types de stablecoins, chacun utilisant une méthode spécifique pour conserver une valeur stable. Les trois principales catégories sont : les stablecoins adossés à des réserves fiduciaires, les stablecoins adossés à des cryptomonnaies, et les stablecoins algorithmiques.

Stablecoins adossés à des réserves fiduciaires : La valeur de ces stablecoins est directement liée à une monnaie fiduciaire, comme le dollar ou l'euro. Les émetteurs de stablecoins de ce type promettent de détenir une réserve en monnaie fiduciaire équivalente à la quantité de tokens en circulation.

Exemple : Tether (USDT) – Tether est l'un des stablecoins les plus utilisés et est adossé au dollar américain. Pour chaque USDT émis, l'entreprise affirme détenir l'équivalent en dollars ou en actifs sûrs. Cela permet de garantir que chaque USDT puisse être échangé contre un dollar réel.

Stablecoins adossés à des cryptomonnaies : Ces stablecoins utilisent d'autres cryptomonnaies comme garantie pour maintenir leur stabilité. La différence est qu'ils sont souvent sur-collatéralisés pour contrer la volatilité des actifs de garantie.

Exemple : DAI – Le stablecoin DAI est émis par le protocole décentralisé MakerDAO et est adossé à des cryptomonnaies comme l'Ether (ETH). Les utilisateurs qui souhaitent obtenir du DAI doivent déposer une garantie plus importante que la valeur souhaitée pour compenser les fluctuations de valeur. Si l'Ether perd de sa valeur, le DAI reste stable car il est sur-collatéralisé.

Stablecoins algorithmiques : Ces stablecoins utilisent des algorithmes et des contrats intelligents pour gérer l'offre et maintenir la parité avec une monnaie fiduciaire. Ils n'ont pas besoin de réserves physiques de monnaie fiduciaire ou de cryptomonnaies en garantie.

Exemple : Ampleforth (AMPL) – Ampleforth utilise un algorithme qui ajuste automatiquement l'offre de tokens en circulation en fonction de la demande. Si la demande augmente, l'offre augmente également, pour maintenir la valeur stable. Si la demande baisse, l'offre diminue pour éviter une chute de valeur.

Les Avantages des Stablecoins : Plus de stabilité et d'accessibilité

Les stablecoins offrent de nombreux avantages qui expliquent leur adoption rapide par les utilisateurs et les institutions financières.

- **Protection contre la volatilité** : Les stablecoins permettent aux utilisateurs de conserver leurs fonds dans la blockchain sans subir la volatilité typique des cryptomonnaies comme Bitcoin ou Ethereum. Par exemple, si un investisseur anticipe une chute des prix de l'Ether, il peut rapidement convertir ses Ethers en stablecoins comme l'USDT pour éviter de subir la baisse de valeur.

- **Facilitation des échanges** : Les stablecoins simplifient le passage des utilisateurs entre le monde des cryptomonnaies et celui des monnaies fiduciaires. Par exemple, sur des plateformes de trading de cryptomonnaies, il est souvent plus simple et rapide de convertir ses actifs en stablecoins pour ensuite acheter d'autres cryptomonnaies, plutôt que de passer par un retrait en monnaie fiduciaire.

- **Transferts rapides et peu coûteux** : Avec les stablecoins, les transferts d'argent internationaux deviennent bien plus rapides et moins chers. Plutôt que de payer des frais bancaires élevés et d'attendre plusieurs jours pour un transfert international en dollars, les utilisateurs peuvent envoyer des USDC ou USDT en quelques minutes pour un coût minime.

- **Accès aux services financiers pour les non-bancarisés** : Dans des régions où l'accès aux banques est limité, les stablecoins offrent une solution de rechange aux monnaies fiduciaires. Les utilisateurs peuvent stocker et échanger de la valeur sur leurs téléphones, sans passer par une banque traditionnelle.

Les défis et controverses autour des Stablecoins

Malgré leurs avantages, les stablecoins ne sont pas sans controverses ni défis. La principale problématique concerne la transparence des réserves et la régulation.

Un débat récurrent autour des stablecoins comme Tether (USDT) concerne la véracité de leurs réserves. Bien que les émetteurs affirment détenir des réserves équivalentes en monnaie fiduciaire pour chaque token en circulation, les audits complets et transparents sont rares. Cela soulève des questions quant à la sécurité de certains stablecoins, surtout en cas de panique où de nombreux utilisateurs souhaiteraient convertir leurs tokens en monnaie fiduciaire.

Les régulateurs surveillent de près les stablecoins, car leur adoption rapide et leur utilisation grandissante posent des questions quant à leur impact sur la stabilité financière mondiale. Les gouvernements craignent que les stablecoins puissent éroder le contrôle des banques centrales sur les systèmes financiers, et les appels à une réglementation stricte se multiplient. Dans ce contexte, certains stablecoins pourraient bientôt devoir se conformer à des règles aussi strictes que celles des institutions financières traditionnelles.

Bien que certains stablecoins, comme DAI, soient décentralisés et gérés par des communautés autonomes, d'autres sont émis par des entreprises centralisées. Ce manque de décentralisation peut être perçu comme une faiblesse, car la stabilité de ces stablecoins dépend alors de la fiabilité d'une entité centralisée.

Les Stablecoins dans l'économie numérique de demain

Les stablecoins ont ouvert la voie à de nombreuses applications, des paiements décentralisés à l'épargne sur la blockchain. Leur importance grandit également dans le domaine de la finance décentralisée (DeFi), où ils jouent un rôle crucial.

Les prêts et emprunts dans la DeFi : Dans l'univers DeFi, les utilisateurs peuvent prêter leurs stablecoins pour générer des intérêts. Les plateformes comme Aave ou Compound permettent de déposer des stablecoins pour gagner un revenu passif, ou d'emprunter contre des garanties. Cela permet aux utilisateurs de gérer leurs actifs sans sortir du cadre de la blockchain.

L'émergence des CBDC (Central Bank Digital Currencies) : Les banques centrales observent avec attention le succès des stablecoins, au point de développer leurs propres monnaies numériques de banque centrale (CBDC). Bien que les CBDC soient distinctes des stablecoins décentralisés, elles démontrent l'influence croissante des stablecoins sur l'évolution des systèmes financiers mondiaux.

En résumé : Les Stablecoins, un pont entre finance traditionnelle et blockchain

Les stablecoins remplissent une fonction cruciale dans l'écosystème des cryptomonnaies : ils apportent une stabilité indispensable dans un marché extrêmement volatil. En agissant comme une passerelle entre les monnaies fiduciaires et les cryptomonnaies, ils offrent aux utilisateurs un moyen sécurisé et stable de conserver de la valeur dans le monde de la blockchain. Si les défis réglementaires et les questions de transparence persistent, les stablecoins continuent de prouver leur utilité en facilitant les échanges, en permettant l'épargne et en ouvrant de nouvelles possibilités de prêt et d'emprunt. Ils jouent ainsi un rôle majeur dans la transition vers une économie numérique mondiale, offrant une stabilité qui pourrait être essentielle pour la massification des cryptomonnaies.

Les Tokens : Des utilités diverses sur les blockchains

Les tokens ou jetons représentent un des concepts les plus polyvalents et innovants du monde des blockchains. Contrairement aux cryptomonnaies comme Bitcoin ou Ether, qui sont principalement utilisées comme moyens d'échange ou de réserve de valeur, les tokens servent des objectifs diversifiés et spécifiques à des projets ou des applications précises. Conçus pour fonctionner sur des blockchains comme Ethereum, les tokens offrent des droits, avantages ou fonctionnalités uniques selon les plateformes ou écosystèmes dans lesquels ils sont utilisés. Leur variété et leurs cas d'utilisation en font un élément essentiel de la croissance des applications décentralisées et de la finance décentralisée (DeFi).

Différents types de tokens et leurs fonctions

Les tokens sont souvent classés en catégories selon leur utilité et la nature de leur application. On distingue principalement les tokens de gouvernance, les tokens utilitaires, et les tokens de sécurité.

Tokens de Gouvernance : Ces tokens permettent aux détenteurs de participer à la gouvernance des projets ou plateformes sur lesquelles ils sont émis. En possédant des tokens de gouvernance, les utilisateurs ont le droit de proposer, discuter et voter sur des changements ou améliorations concernant le projet.

Exemple : Uniswap (UNI) – UNI est le token de gouvernance de la plateforme d'échange décentralisée Uniswap. En possédant des tokens UNI, les utilisateurs peuvent voter sur des propositions comme l'ajout de nouvelles paires de trading ou la répartition des fonds de trésorerie. Cette gouvernance communautaire donne aux utilisateurs un contrôle direct sur l'évolution de la plateforme.

Tokens Utilitaires : Ces tokens sont utilisés pour accéder à des services ou des produits spécifiques au sein d'une plateforme. Leur fonction est généralement limitée au projet sur lequel ils sont émis, offrant souvent des avantages comme des réductions de frais ou des fonctionnalités supplémentaires.

Exemple : Binance Coin (BNB) – BNB est le token utilitaire de Binance, l'une des plus grandes plateformes d'échange de cryptomonnaies. Les utilisateurs de Binance peuvent utiliser des tokens BNB pour payer des frais de transaction avec des remises intéressantes, accéder à des fonctionnalités premium, ou participer à des lancements de nouveaux tokens.

Tokens de Sécurité : Ces tokens sont émis sous forme d'investissement et sont souvent soumis aux mêmes régulations que les titres financiers traditionnels. Ils représentent généralement une part de propriété ou un droit aux bénéfices dans un projet ou une entreprise.

Exemple : SiaFunds (SF) – SiaFunds est un token de sécurité émis par Sia, un réseau de stockage décentralisé. En détenant des SiaFunds, les utilisateurs ont droit à une part des frais de transaction générés sur le réseau, ce qui en fait un investissement dans le projet lui-même.

Le rôle des Tokens dans les applications décentralisées (dApps) et la DeFi

Dans la DeFi, les tokens jouent plusieurs rôles, allant des garanties pour des prêts aux mécanismes de gouvernance. Par exemple, sur la plateforme Aave, les utilisateurs peuvent déposer des tokens comme garantie pour emprunter d'autres cryptomonnaies. Cela offre un accès à des services financiers basés sur des contrats intelligents, où les tokens remplacent les institutions traditionnelles.

Dans certains projets DeFi, les utilisateurs peuvent "staker" leurs tokens, c'est-à-dire les verrouiller dans des contrats intelligents, pour soutenir le réseau et recevoir des rendements en retour. Le staking est devenu populaire dans les réseaux de type Proof of Stake comme Ethereum 2.0, où les participants reçoivent des récompenses pour sécuriser la blockchain.

Sur des plateformes d'échange décentralisées comme Uniswap, les tokens permettent de fournir de la liquidité en déposant des paires d'actifs. Les utilisateurs qui contribuent à la liquidité reçoivent en retour des tokens de liquidité qui représentent leur part du pool et leur donnent droit à une part des frais de transaction.

Les Tokens dans la gestion et l'accès aux services

Les tokens servent également à accéder à des services spécifiques, et ils peuvent être intégrés dans des modèles économiques qui incitent les utilisateurs à participer activement au développement et au succès d'un projet.

- **Accès aux services et programmes de fidélité** : Certains tokens permettent d'accéder à des services exclusifs ou de profiter d'avantages particuliers, comme des réductions sur les frais ou des récompenses de fidélité. Par exemple, les utilisateurs de la plateforme de trading Crypto.com qui détiennent un certain nombre de tokens CRO peuvent profiter de cartes bancaires offrant des remises en argent.

- **Incentives et programmation** : Les tokens permettent de concevoir des systèmes incitatifs basés sur la blockchain. Par exemple, dans le domaine du jeu vidéo, certains jeux utilisent des tokens pour récompenser les joueurs qui atteignent des niveaux ou accomplissent des objectifs. Cela stimule la participation et encourage les utilisateurs à interagir davantage avec l'écosystème.

- **Authentification et propriété numérique** : Avec l'essor des NFTs (Non-Fungible Tokens), les tokens sont également devenus des preuves de propriété numérique. Les NFT permettent aux artistes, créateurs et entreprises de vendre des œuvres uniques ou des articles de collection, renforçant ainsi l'économie numérique en ligne et créant des ponts entre les mondes physique et numérique.

Les défis et risques liés aux Tokens

Malgré leur potentiel, les tokens posent certains défis et risques, particulièrement en ce qui concerne la réglementation, la transparence et la sécurité.

Les tokens, surtout les tokens de sécurité, sont souvent confrontés à des régulations strictes, car ils sont assimilés à des titres financiers. Dans certains pays, cela entraîne des restrictions pour leur émission et leur utilisation, et peut exposer les projets à des risques juridiques.

Risque de Centralisation : Bien que les tokens soient souvent associés à la décentralisation, certains projets conservent un contrôle important sur l'émission ou la distribution des tokens, ce qui peut poser des questions de centralisation. Si un trop grand nombre de tokens sont concentrés entre les mains de quelques détenteurs, cela peut créer des déséquilibres dans la gouvernance et rendre le projet vulnérable à des manipulations.

Sécurité des Smart Contracts : Les tokens reposent souvent sur des contrats intelligents. Si ces contrats contiennent des failles de sécurité, cela peut exposer les utilisateurs à des risques de piratage ou de perte de fonds. Les hacks de certains protocoles DeFi en sont des exemples, où des millions de dollars ont été perdus en raison de vulnérabilités dans le code.

L'avenir des Tokens : Un pilier pour la blockchain et l'économie numérique

Les tokens continueront à jouer un rôle central dans l'évolution des blockchains et de l'économie numérique. Leur diversité d'utilisations, leur capacité à représenter des actifs numériques, des droits de vote, ou des participations financières, ainsi que leur impact dans les secteurs de la finance, du divertissement, et de la technologie, démontrent leur polyvalence. Les tokens offrent un aperçu de la manière dont la blockchain peut redéfinir les modèles économiques actuels. En introduisant des mécanismes de gouvernance décentralisés et des systèmes d'incitation autonomes, ils offrent aux utilisateurs une voie vers une participation active et une plus grande autonomie. L'émergence de concepts comme le Web 3.0, une version décentralisée et tokenisée d'internet pourrait encore étendre leur rôle et transformer la manière dont nous interagissons avec les services en ligne.

En résumé : les Tokens, fondement de l'innovation et de la décentralisation

Les tokens représentent bien plus que des actifs numériques ; ils incarnent l'essence de l'innovation dans la blockchain. En offrant des fonctionnalités uniques adaptées à chaque projet, ils créent un écosystème dynamique où chaque utilisateur peut participer, s'impliquer et bénéficier de manière active. Que ce soit pour gouverner un projet, accéder à des services, ou représenter des actifs numériques, les tokens sont au cœur de l'expansion des applications décentralisées, de la finance sans intermédiaire, et d'une économie numérique ouverte et inclusive.

Résumé des Types de Cryptomonnaies

- Bitcoin : Considéré comme une réserve de valeur numérique et la première cryptomonnaie décentralisée.

- Ethereum : Blockchain programmable qui permet de créer des applications et des contrats intelligents.

- Altcoins : Des milliers de cryptos alternatives qui innovent et apportent de nouvelles solutions.

- Stablecoins : Cryptomonnaies stables, souvent adossées à une monnaie traditionnelle, pour éviter la volatilité.

- Tokens : Jetons spécifiques à des projets ou plateformes, avec des fonctions particulières.

Pourquoi toutes ces cryptomonnaies ont-elles leur importance ?

Chaque type de cryptomonnaie joue un rôle distinct dans l'écosystème. Bitcoin est la "réserve de valeur", Ethereum est le pilier des applications décentralisées, les altcoins proposent des innovations spécifiques, les stablecoins apportent de la stabilité, et les tokens créent de nouveaux types de droits et d'utilités.

Comprendre cette diversité te permettra de mieux naviguer dans le marché et de voir comment chaque crypto apporte des réponses à des problématiques spécifiques. Alors que les cryptomonnaies continuent de se développer, il est fort probable que certaines d'entre elles deviennent incontournables dans notre économie numérique future.

Demain, on plongera dans les coulisses de la blockchain, la technologie qui rend tout cela possible.

Jour 2 : La Blockchain – Le cœur de la cryptomonnaie

Aujourd'hui, on entre dans les coulisses de l'univers des cryptomonnaies pour découvrir la technologie qui leur permet d'exister : la blockchain. Si la cryptomonnaie est une voiture, alors la blockchain est son moteur. Comprendre la blockchain, c'est un peu comme apprendre ce qui se cache sous le capot de cette nouvelle monnaie numérique.

Qu'est-ce que la Blockchain ?

Imagine un immense registre numérique public, accessible à tous, consultable par tous, mais dont les données, une fois inscrites, sont immuables et vérifiables par l'ensemble des utilisateurs. Il enregistre toutes les transactions effectuées avec une cryptomonnaie comme le Bitcoin, et chaque utilisateur de Bitcoin possède une copie de ce registre. C'est cela, la blockchain : une chaîne de blocs d'informations interconnectés, formant un registre distribué qui ne peut être ni falsifié ni effacé une fois que les données y sont inscrites. Mais pourquoi cette technologie est-elle si révolutionnaire ?

Un registre public et transparent : La base de la Blockchain

La blockchain est un registre numérique partagé, qui enregistre de manière chronologique toutes les transactions effectuées sur son réseau. Chaque utilisateur possède une copie intégrale de ce registre, ce qui signifie que chacun peut vérifier la validité et l'historique complet des transactions. Cet accès ouvert rend la blockchain d'une transparence inédite, où toute tentative de fraude devient quasiment impossible.
Chaque enregistrement ou transaction est inscrit dans un "bloc" et, une fois ce bloc rempli, il est relié au bloc précédent, créant ainsi une chaîne continue d'informations. C'est ce processus d'ajout de nouveaux blocs, indissociablement liés les uns aux autres, qui rend la blockchain particulièrement résistante aux manipulations.

Exemple : Imagine que chaque fois qu'une transaction est effectuée, elle soit inscrite dans un livre public visible par tous. Si une personne essaie de modifier une transaction ancienne, elle devrait modifier toutes les copies de ce registre public présentes sur le réseau, une tâche colossale qui rend la fraude quasi impossible.

Les blocs : Un ensemble de transactions validées

Chaque bloc contient plusieurs transactions, qui sont des informations regroupées et validées par le réseau de participants. Une fois le bloc plein, il est ajouté à la chaîne de blocs. Chaque bloc est indissociablement lié au bloc précédent par un code unique, appelé hachage. Ce hachage agit comme une signature numérique du bloc, sécurisant chaque bloc et empêchant sa modification.

Si une transaction devait être modifiée, cela altérerait le hachage du bloc, qui ne correspondrait plus au bloc suivant, alertant immédiatement tout le réseau qu'une manipulation a eu lieu. C'est cette structure de blocs reliés et protégés par un mécanisme de hachage qui rend la blockchain sécurisée.

Exemple : Pense à une série de pages numérotées dans un livre, où chaque page est signée pour s'assurer qu'aucune n'a été modifiée. Si une page est falsifiée, elle n'aura plus la bonne signature, et tout lecteur pourra facilement repérer la falsification.

La décentralisation : Un système sans autorité centrale

Contrairement aux systèmes financiers traditionnels, où une banque centrale ou un organisme de régulation vérifie et autorise les transactions, la blockchain est un système décentralisé. Cela signifie que le contrôle de la blockchain est réparti entre tous les utilisateurs (ou "nœuds") du réseau, qui validant collectivement chaque transaction. Cette décentralisation rend la blockchain bien plus résistante aux pannes, aux attaques et aux manipulations, car il n'existe pas de point central de contrôle qui pourrait être corrompu ou défaillant.

La sécurité de la blockchain repose ainsi sur le grand nombre de participants répartis dans le monde entier, rendant les tentatives de piratage presque impossibles sans contrôler la majorité des nœuds du réseau ce qui équivaudrait à pirater des millions d'ordinateur en même temps.

Exemple : Imaginons une salle remplie de gens notant tous les échanges qui se produisent. Si quelqu'un essaie de tricher, il devra convaincre la majorité des personnes présentes d'écrire une fausse information en même temps. C'est cette validation collective qui protège la blockchain contre la fraude.

4. Les mécanismes de validation : Proof of Work et Proof of Stake

La blockchain utilise des mécanismes de validation pour s'assurer que chaque transaction ajoutée est authentique. Les deux principaux sont le Proof of Work (PoW) et le Proof of Stake (PoS) :

- **Proof of Work (PoW)** : Utilisé par des blockchains comme Bitcoin, le PoW nécessite que des utilisateurs appelés mineurs résolvent des problèmes mathématiques complexes pour valider les transactions et créer de nouveaux blocs. Cela demande une grande puissance de calcul et de l'énergie, mais assure la sécurité des transactions.

- **Proof of Stake (PoS)** : Adopté par Ethereum, ce modèle ne repose pas sur la puissance de calcul mais sur une participation financière. Les utilisateurs valident les transactions en fonction du nombre de cryptomonnaies qu'ils possèdent (leur "stake"). Ce modèle est plus écologique et consomme beaucoup moins d'énergie.

Ces mécanismes de validation assurent la sécurité des transactions en dissuadant toute tentative de manipulation, car le coût et l'effort pour altérer la blockchain sont bien plus élevés que le gain potentiel.

Exemple : Pour créer un bloc dans un système PoW, il faut dépenser de l'énergie et du temps pour résoudre une énigme. Si quelqu'un tente de falsifier la blockchain, il devrait dépenser des ressources colossales pour recalculer tous les blocs suivants. Dans un système PoS, il faudrait détenir une quantité énorme de la cryptomonnaie pour prendre le contrôle, rendant la manipulation peu probable.

Inaltérabilité et transparence : La Blockchain comme garantie de fiabilité

L'un des atouts majeurs de la blockchain est sa nature inaltérable. Une fois qu'une transaction est inscrite dans un bloc et ajoutée à la chaîne, elle ne peut plus être modifiée ni supprimée. Cette inaltérabilité est essentielle pour la sécurité, car elle garantit que l'historique des transactions est exact et infalsifiable. De plus, la blockchain est entièrement transparente, car chaque transaction est visible et vérifiable par tous les participants.

- **Auditabilité** : N'importe qui peut consulter les transactions et vérifier l'historique complet de la blockchain. Cela renforce la confiance, car il n'y a pas de zones d'ombre ou de modifications secrètes possibles.

- **Résilience aux manipulations** : Chaque participant possède une copie du registre complet. Toute tentative de manipulation serait donc détectée immédiatement, car la version altérée ne correspondrait pas aux autres copies présentes sur le réseau.

Exemple : Dans le cadre d'une entreprise, si toutes les transactions sont enregistrées sur la blockchain, toute tentative de falsification comptable serait immédiatement visible, renforçant la transparence et la confiance des partenaires.

Au-delà des cryptomonnaies : Les applications multiples de la Blockchain

Bien que la blockchain ait été créée pour Bitcoin, ses applications vont bien au-delà des simples transactions financières. Elle peut être utilisée pour certifier des documents, suivre des chaînes logistiques, voter de manière sécurisée, ou encore exécuter des contrats intelligents (smart contracts) permettant d'automatiser des processus sans intermédiaire.

- **Contrats Intelligents** : Sur Ethereum, par exemple, il est possible de créer des smart contracts qui s'exécutent automatiquement lorsqu'une condition est remplie. Ces contrats sont sécurisés et immuables, réduisant le besoin de tiers de confiance.

- **Traçabilité et Sécurité des Données** : Dans des secteurs comme l'agroalimentaire ou le luxe, la blockchain est utilisée pour assurer la traçabilité des produits. Elle garantit que chaque étape du parcours d'un produit est enregistrée de manière infalsifiable, ce qui renforce la confiance des consommateurs.

Exemple : Walmart utilise la blockchain pour suivre le parcours de ses produits alimentaires. En cas de problème sanitaire, l'entreprise peut rapidement identifier l'origine du produit et prendre des mesures immédiates.

En remplaçant les institutions centrales par un réseau de confiance décentralisé, la blockchain propose un modèle de vérification et de sécurité où chaque participant est à la fois utilisateur et garant de la transparence et de l'intégrité des données. Elle ne transforme pas seulement notre façon d'échanger de la valeur, mais également notre manière de concevoir la confiance elle-même. Pour la première fois, la sécurité repose non plus sur la bonne foi d'une institution, mais sur un système transparent et collaboratif, où chaque transaction est visible et vérifiable par tous.

Pourquoi la Blockchain change-t-elle notre vision de la confiance ?

Depuis toujours, la confiance repose sur des institutions centrales. Qu'il s'agisse de la banque pour notre argent, du notaire pour certifier un contrat, ou encore du gouvernement pour garantir la validité d'un document, nous avons besoin d'intermédiaires de confiance pour certifier, sécuriser et valider nos transactions et échanges. La blockchain vient bousculer ce modèle en proposant une alternative révolutionnaire : elle permet de construire un système de confiance sans intermédiaires. Mais comment fonctionne ce changement, et pourquoi est-il si radical ?

Le paradigme de la confiance traditionnelle

Dans les systèmes traditionnels, pour effectuer un transfert d'argent, acheter un bien immobilier ou signer un contrat, nous avons toujours besoin d'une entité de confiance. Par exemple, les banques valident nos transferts d'argent et protègent nos économies, les notaires certifient les ventes de biens immobiliers, et les gouvernements délivrent les pièces d'identité. Ce modèle centralisé repose sur des tiers de confiance, qui sont essentiels à chaque transaction.

Mais ce modèle présente des limites :

- **Fraude et corruption** : Quand la confiance repose sur une institution unique, les risques de fraudes, de malversations ou de manipulations existent, car il suffit qu'une seule entité abuse de son pouvoir.

- **Temps et coût des intermédiaires** : Faire appel à des intermédiaires a un coût. Penses aux frais bancaires, aux coûts notariaux, ou aux taxes. Cela rend chaque transaction plus coûteuse et souvent plus lente.

- **Accès restreint** : Dans certains pays, l'accès aux services bancaires ou aux documents légaux est complexe, voire inexistant. Ce manque d'accessibilité prive de nombreux individus de moyens d'échange sécurisés.

Exemple : Un virement international peut prendre plusieurs jours, passant par diverses institutions bancaires qui prennent chacune des frais, et dont la sécurité repose sur la fiabilité des systèmes internes de ces banques.

La Blockchain : Un système de confiance distribué

La blockchain remet en question ce modèle en proposant un système de confiance décentralisé et distribué. Plutôt que de dépendre d'une institution unique, chaque utilisateur de la blockchain participe à la vérification et à la validation des transactions. C'est un peu comme si nous mettions en place un réseau où chacun devient garant de l'intégrité de chaque transaction. Ce réseau est global et ouvert, ce qui signifie que n'importe qui, de n'importe où dans le monde, peut y participer et contribuer.

Validation collective : Sur une blockchain, chaque transaction est validée par plusieurs participants du réseau (appelés "nœuds"), qui vérifient les informations et les ajoutent à la chaîne de blocs.

Sécurité par consensus : Grâce à des mécanismes comme le Proof of Work (preuve de travail) ou le Proof of Stake (preuve d'enjeu), les participants du réseau doivent atteindre un consensus, c'est-à-dire qu'ils doivent tous s'accorder sur la validité d'une transaction. Cela rend la fraude extrêmement difficile, car il faudrait contrôler plus de 50 % du réseau pour manipuler les données.

Auditabilité : Toutes les transactions sont publiques et enregistrées de manière permanente. Cela signifie que n'importe qui peut vérifier l'historique d'une transaction, renforçant ainsi la transparence et réduisant les risques de fraude.

Exemple : Bitcoin repose sur le consensus Proof of Work, où des mineurs du monde entier vérifient les transactions et les ajoutent à la blockchain. Ce réseau fonctionne sans banque centrale, mais reste sécurisé et vérifiable grâce à la contribution des mineurs.

Les bénéfices d'un système sans intermédiaires

En éliminant les intermédiaires, la blockchain permet de réaliser des économies de temps et d'argent significatives, tout en offrant une sécurité renforcée et une transparence accrue. Un système sans intermédiaires rend également le réseau plus résistant aux dysfonctionnements, car il ne repose pas sur une infrastructure centrale unique.

Réduction des coûts : Les frais de transaction sont nettement réduits, car il n'est plus nécessaire de payer des intermédiaires pour valider et sécuriser les échanges.

Accessibilité globale : Puisque la blockchain est un réseau décentralisé et accessible, les barrières géographiques ou administratives sont supprimées, permettant ainsi à toute personne disposant d'une connexion Internet de participer.

Autonomie financière : En s'affranchissant des banques, des entreprises de transfert d'argent, et des organismes de crédit, les utilisateurs des cryptomonnaies acquièrent une indépendance financière inédite.

Exemple : Dans des pays où l'accès aux banques est limité, les cryptomonnaies permettent à des individus de transférer et d'échanger de la valeur librement et de manière sécurisée, sans passer par les institutions locales.

Un nouveau modèle de confiance : De la confiance en une institution à la confiance dans un système

La blockchain marque un changement fondamental dans notre façon de concevoir la confiance. Traditionnellement, nous faisions confiance à une institution ou à une personne de manière aveugle. Avec la blockchain, la confiance n'est plus donnée à une entité spécifique, mais au système lui-même et à la transparence de ses mécanismes. La blockchain fonctionne comme un ensemble de règles et de processus visibles, vérifiables, et immuables, où chaque participant contribue à renforcer la confiance du réseau.

Une nouvelle conception de la confiance

La blockchain transforme la manière dont nous échangeons de la valeur, en remplaçant les tiers de confiance traditionnels par un système de vérification décentralisé et collectif. Elle nous invite à revoir notre conception de la confiance, non plus comme une dépendance à l'égard d'institutions centralisées, mais comme une force collective, vérifiable et transparente.

Pour la première fois, il est possible de transférer de l'argent, de signer des contrats, ou même de voter sans avoir besoin d'un intermédiaire pour garantir la sécurité ou la véracité de l'information.

Jour 3 : Comment fonctionnent les transactions en Cryptomonnaies ?

Aujourd'hui, nous allons comprendre comment l'argent circule dans le monde des cryptomonnaies et comment toi, en tant qu'utilisateur, tu peux envoyer ou recevoir des fonds en toute sécurité, sans passer par une banque. Nous verrons également comment et pourquoi tu as besoin d'un **portefeuille numérique** pour gérer tes cryptomonnaies.

Les portefeuilles numériques : Ta clé d'accès aux cryptomonnaies

Pour envoyer et recevoir des cryptomonnaies, il te faut un **portefeuille numérique**, souvent appelé "wallet." Un portefeuille numérique peut être un logiciel (une application mobile, par exemple) ou un appareil physique (comme un dispositif matériel dédié).

Types et Exemples de Wallets :

Les hot wallets (portefeuilles logiciels) comme MetaMask, Coinbase Wallet, Trust Wallet

Les hot wallets sont des applications en ligne qui te permettent d'accéder à tes cryptos à tout moment, tant que tu es connecté à Internet. Ils sont faciles à utiliser et idéaux pour des transactions fréquentes.

Pratiques et rapides, ils sont généralement gratuits et simples à configurer. MetaMask, par exemple, est très populaire pour interagir avec les applications décentralisées sur Ethereum.

Toutefois, ils sont plus vulnérables aux attaques, car ils sont toujours connectés à Internet. Ils sont pratiques pour de petites transactions mais risqués pour des montants importants.

Les cold wallets (portefeuilles matériels) comme Ledger Nano X, Trezor Model T etc

Les cold wallets sont des appareils physiques, comme des clés USB sécurisées. Ils stockent tes clés privées hors ligne, ce qui les rend extrêmement sûrs contre le piratage. Ils offrent la meilleure sécurité, surtout pour stocker des sommes importantes. Par exemple, le Ledger Nano X est largement utilisé pour garder de grandes quantités de cryptos en sécurité. Toutefois, ils sont moins pratiques pour des transactions fréquentes, car ils nécessitent souvent une connexion physique à un ordinateur. Ils ont aussi un coût (environ 50 à 200 euros selon le modèle).

Ton wallet te permet de gérer, envoyer et recevoir des cryptos en utilisant deux types de clés : la **clé publique** et la **clé privée**. Mais attention, il ne stocke pas tes cryptos directement. Au lieu de cela, il te donne accès aux **clés cryptographiques** nécessaires pour interagir avec la blockchain, où tes cryptomonnaies sont réellement enregistrées. Cela te permet de vraiment posséder tes propres cryptomonnaies. Tu peux également choisir de « stocker » tes cryptomonnaies sur des plateformes centralisées telles que Binance, Coinbase, Kraken etc, qui seront accessibles via un mot de passe. Toutefois, tu ne possèdes pas vraiment tes cryptomonnaies c'est comme si tu les mettais dans une « banque » ce qui n'a pas vraiment d'intérêt puisque l'objectif initial est justement de contrer cela.

Les clés publiques et privées : La sécurité d'un portefeuille

La clé publique : Ton adresse de réception

Une clé publique est, en quelque sorte, comme un numéro de compte bancaire. Elle te permet de recevoir des cryptomonnaies de la part d'autres utilisateurs. Lorsqu'on te demande ton "adresse" pour recevoir des cryptos, c'est ta clé publique (ou une version simplifiée de celle-ci) que tu fournis.

C'est une adresse que tu peux partager sans souci, car elle sert uniquement à recevoir des fonds. Un utilisateur ne peut rien faire avec ta clé publique d'autre que t'envoyer des cryptomonnaies. Elle est souvent représentée par une série de caractères alphanumériques et parfois sous forme de QR code pour faciliter les transactions.

Par exemple, une adresse Bitcoin peut ressembler à quelque chose comme 1A1zP1eP5QGefi2DMPTfTL5SLmv7DivfNa.

La clé privée : Le contrôle absolu de tes fonds

La clé privée est l'élément **central** de ton portefeuille numérique. Contrairement à la clé publique, la clé privée doit absolument rester secrète, car elle est la preuve de propriété et de contrôle de tes cryptomonnaies. En d'autres termes, si quelqu'un obtient ta clé privée, il peut envoyer et retirer tes cryptos sans ton autorisation.

La clé privée est un long code alphanumérique généré par ton portefeuille lors de sa création. Elle fonctionne comme une signature unique qui prouve que tu es bien le propriétaire des fonds associés à la clé publique correspondante. Elle te permet de signer des transactions pour envoyer des fonds à d'autres utilisateurs. Chaque fois que tu souhaites envoyer des cryptos, ton portefeuille utilise cette clé privée pour générer une signature qui valide la transaction. La clé privée ne doit jamais être partagée ou stockée de manière non sécurisée. Si tu la perds, tu perds définitivement l'accès à tes cryptos, car il est impossible de la récupérer (contrairement à un mot de passe qui pourrait être réinitialisé).

Conseil de sécurité : Garde toujours ta clé privée en lieu sûr. Si tu la perds, tu perds l'accès à tes cryptomonnaies sans possibilité de récupération, car il n'y a pas de service client ou de "mot de passe oublié" dans ce système décentralisé !

Sécuriser et gérer son portefeuille

Utiliser un portefeuille numérique implique de respecter quelques règles de base pour sécuriser tes fonds :

Sauvegarde de la clé privée : Il est essentiel de noter ta clé privée ou ta "phrase de récupération" sur un support sécurisé. La phrase de récupération (souvent 12 ou 24 mots) te permet de restaurer ton portefeuille si tu perds ton appareil.

Utilisation de l'authentification à deux facteurs (2FA) : Beaucoup de portefeuilles custodial offrent une sécurité 2FA (double vérification) pour empêcher les accès non autorisés.

Méfiance envers les liens suspects et les applications non officielles : Le phishing (arnaque par faux lien) est une méthode courante pour voler des clés privées. Ne télécharge jamais de portefeuille depuis un site ou une source non officielle.

La clé privée : Gardien absolu de tes fonds, à double tranchant

Dans le monde des cryptomonnaies, la sécurité et le contrôle reposent entièrement sur **la clé privée** de ton portefeuille. Cette clé, représente la **preuve incontestable de propriété** sur tes fonds. Si tu possèdes la clé privée, tu possèdes les cryptos qui lui sont associées. En revanche, si tu la perds, tu perds aussi **définitivement** l'accès à tes fonds, sans aucune possibilité de récupération. Ce concept, souvent difficile à accepter pour les nouveaux venus, contraste fortement avec les pratiques du système bancaire traditionnel.

Le contrôle absolu : Un atout et un risque

Dans le système bancaire, si tu perds ta carte de crédit, ton code PIN, ou même ton accès en ligne, il existe des procédures pour te redonner l'accès à ton argent. Les banques offrent des services de récupération d'identifiants et de comptes, car elles restent en dernière instance les **garantes de tes fonds**. C'est un système basé sur des tiers de confiance : si tu oublies un mot de passe ou si ton compte est piraté, tu as un recours possible. En revanche, dans l'univers des cryptomonnaies, tu es ton propre garant. Ton portefeuille de cryptomonnaies te confie un pouvoir absolu : tu es le seul à pouvoir autoriser des transactions en accédant à ta clé privée, et aucun tiers n'a la capacité d'intervenir.

Cela te libère de toute dépendance envers une entité bancaire, mais cela implique également une **responsabilité totale**.

L'histoire de James Howells : Ce Britannique a perdu un disque dur contenant la clé privée de son portefeuille Bitcoin, dans lequel se trouvaient environ 8 000 BTC. Cette somme, valant des millions de dollars aujourd'hui, est perdue pour toujours car il a jeté par erreur le disque dur. Il n'a aucun moyen de retrouver ces bitcoins sans la clé privée, et ces fonds resteront bloqués sur la blockchain.

Une multitude de petites pertes : Chaque jour, des utilisateurs perdent des montants plus petits en perdant l'accès à leurs portefeuilles. Cela peut arriver à n'importe qui, car il n'est pas rare d'oublier une clé si elle n'est pas bien sauvegardée.

Assumer la responsabilité de tes fonds : Les précautions à prendre

Pour gérer la responsabilité de tes cryptos, tu peux adopter des **pratiques sécurisées** pour éviter les pertes.

Système de sauvegarde : Stocke ta clé privée dans plusieurs endroits sécurisés. Beaucoup d'utilisateurs choisissent de la noter sur papier et de stocker ce papier dans un coffre-fort. Certains utilisent des coffres bancaires pour y déposer leur clé privée sur un support physique comme une feuille de papier ou un dispositif de stockage matériel.

Portefeuille matériel : Les appareils comme le Ledger Nano X ou le Trezor Model T te permettent de conserver tes clés privées hors ligne. Ces portefeuilles matériels offrent des protections supplémentaires, mais doivent être utilisés avec soin, car la perte de l'appareil ou de son code de récupération entraîne également une perte d'accès.

Phrase de récupération : Lors de la création de la plupart des portefeuilles, on te fournit une phrase de récupération (souvent 12 à 24 mots). Cette phrase, si elle est conservée en sécurité, te permet de restaurer ton portefeuille. Assure-toi qu'elle est bien stockée, car elle est tout aussi importante que la clé privée.

Double sauvegarde : Avoir une copie de ta clé privée ou de ta phrase de récupération dans un autre emplacement, comme un coffre-fort différent, peut être un bon plan de secours.

Ainsi, la gestion de cryptomonnaies te libère de l'intermédiation bancaire et des contraintes des institutions centralisées. Tu deviens le maître de tes actifs, mais cela implique une **responsabilité absolue**. Dans le système bancaire, une perte ou un oubli est généralement réparable, car les banques sont là pour réguler et intervenir en cas de besoin. Dans l'univers des cryptomonnaies, c'est toi seul qui détiens le pouvoir sur tes fonds — un pouvoir qui, mal utilisé ou mal protégé, peut entraîner des pertes irrémédiables. Prendre des précautions pour protéger ta clé privée est donc essentiel pour toute personne investie dans les cryptomonnaies. Cette clé est ta passerelle unique vers la blockchain, où toute transaction est immuable. En définitive, tu bénéficies d'une autonomie et d'un contrôle complet, mais cela signifie aussi que si tu fais une erreur, il n'y aura aucun recours possible.

Déroulement d'une transaction en cryptomonnaie

Imaginons une situation : tu souhaites envoyer 0,1 Bitcoin (BTC) à un ami. Voici ce qui se passe lors d'une transaction classique :

D'abord, tu crées la transaction en saisissant l'adresse publique de ton ami, le montant à envoyer, et les frais de transaction. Une fois la transaction créée, elle est diffusée au réseau de la blockchain Bitcoin, où elle sera vérifiée par les mineurs. Les mineurs s'assurent que tu possèdes bien les fonds et qu'il n'y a pas de tentative de double dépense (utiliser les mêmes BTC deux fois). Les mineurs regroupent cette transaction dans un bloc avec d'autres transactions en attente, résolvent un problème mathématique complexe (Proof of Work) ou valident la transaction par Proof of Stake, selon la blockchain utilisée. Une fois la solution trouvée et validée par le réseau, le bloc est ajouté à la blockchain.

Enfin, la transaction est enregistrée de manière permanente dans la blockchain et considérée comme finalisée après quelques confirmations. Ton ami reçoit son 0,1 BTC et peut l'utiliser à son tour.

Pourquoi des frais de transaction ?

Les frais de transaction sont une incitation financière pour les mineurs ou les validateurs. En les payant, tu encourages ces participants du réseau à traiter et sécuriser ta transaction. Plus les frais sont élevés, plus ta transaction est prioritaire et traitée rapidement. Sur des blockchains comme Ethereum, ces frais peuvent varier en fonction de l'activité du réseau et peuvent être plus ou moins élevés.

Résumé du Jour 3 : Fonctionnement des transactions et portefeuilles numériques

- **Une transaction en cryptomonnaie** suit un processus spécifique de validation via les mineurs (Proof of Work) ou les validateurs (Proof of Stake), et chaque transfert est définitif une fois inscrit dans la blockchain.

- **Les frais de transaction** varient selon la blockchain et permettent d'inciter les participants à traiter les transactions.

- **Un portefeuille numérique** est nécessaire pour stocker et gérer tes cryptomonnaies. Il fonctionne avec une clé publique (pour recevoir) et une clé privée (pour accéder aux fonds).

- Les **portefeuilles chauds « hot wallet »** sont plus pratiques mais moins sécurisés que les **portefeuilles froids « cold wallet »** pour le stockage à long terme.

Demain, nous plongerons dans l'**achat et la vente de cryptomonnaies**, en explorant les plateformes d'échange et les méthodes disponibles pour débuter en tant qu'investisseur.

Jour 4 : Achat et vente de cryptomonnaies

Bienvenue dans cette quatrième journée ! Aujourd'hui, on va explorer **comment acheter et vendre des cryptomonnaies**. Bien que l'achat de cryptos puisse sembler intimidant au premier abord, les plateformes d'échange (ou "exchanges") et les méthodes disponibles sont conçues pour rendre le processus aussi simple et sécurisé que possible.

Dans cette section, nous verrons comment choisir une plateforme, quelles étapes suivre pour acheter des cryptomonnaies, comment les sécuriser, et bien sûr, comment les vendre.

Les plateformes d'échange : Ta porte d'entrée vers les cryptomonnaies

Pour acheter et vendre des cryptomonnaies, la majorité des utilisateurs passent par des **plateformes d'échange**. Ces plateformes agissent comme des intermédiaires, te permettant d'acheter des cryptomonnaies avec de l'argent "classique" (comme les euros ou les dollars) et de les échanger contre d'autres cryptos.

Types de plateformes d'échange

Les exchanges centralisés (CEX) : Ce sont les plateformes les plus courantes et les plus simples pour commencer. Gérées par une entreprise, elles facilitent le processus d'achat, de vente et d'échange de cryptos. Les CEX offrent souvent une interface facile d'utilisation, avec des options comme les ordres d'achat/vente, les graphiques de prix et même des services de gestion de portefeuille. Quelques exemples populaires de CEX incluent **Binance**, **Coinbase**, **Kraken** ...

Avantages : Fiabilité, liquidité élevée (ce qui signifie que tu peux acheter ou vendre de grandes quantités facilement), interface simple.

Inconvénients : Ces plateformes détiennent souvent tes clés privées si tu stockes tes cryptos chez elles, ce qui les rend plus vulnérables aux piratages. De plus, elles nécessitent généralement une vérification d'identité (KYC) pour se conformer aux régulations.

Les exchanges décentralisés (DEX) : À l'inverse des CEX, ces plateformes fonctionnent sans intermédiaire centralisé. Ici, les utilisateurs échangent directement entre eux, grâce à la technologie de la blockchain et à des **contrats intelligents** qui gèrent les transactions de manière autonome. Uniswap, Sushiswap, et PancakeSwap sont des exemples de DEX.

Avantages : Plus de confidentialité, car il n'y a pas toujours de vérification d'identité, et tu détiens tes propres clés privées.

Inconvénients : Moins intuitif pour les débutants, et parfois des frais plus élevés en fonction de la blockchain utilisée.

Les plateformes d'achat direct (ou de courtage) : Certaines plateformes, comme **PayPal** ou **eToro**, permettent d'acheter des cryptomonnaies directement avec une carte de crédit ou un compte bancaire, sans passer par un exchange classique. C'est rapide et simple, mais souvent avec des frais plus élevés et des options de retrait limitées.

Personnellement je te conseille de passer par de gros échangeurs types Binance ou Coinbase, l'interface est simple et compréhensible ce qui évitera que tu fasses des bêtises.

Étapes pour acheter des cryptomonnaies sur une plateforme centralisée (CEX)

Imaginons que tu choisis une plateforme centralisée pour acheter tes premières cryptomonnaies. Voici les étapes typiques :

Inscription et vérification d'identité (KYC) : La première étape consiste à créer un compte sur la plateforme et à passer par une vérification d'identité (appelée Know Your Customer ou KYC). Cette étape est imposée par les régulations pour lutter contre le blanchiment d'argent et garantir que tu es bien la personne que tu prétends être.

Sécuriser ton compte : Active l'**authentification à deux facteurs (2FA)**. Il s'agit d'un ajout de sécurité, où tu dois non seulement entrer ton mot de passe, mais aussi un code envoyé sur ton téléphone. Cela protège ton compte des tentatives de piratage.

Dépôt de fonds : Tu peux ajouter des fonds sur ton compte pour acheter des cryptos, généralement en utilisant un virement bancaire, une carte de crédit ou d'autres méthodes de paiement locales.

Conseil : Les frais pour les cartes de crédit sont souvent plus élevés, donc le virement bancaire est préféré pour minimiser les coûts.

Acheter des cryptos : Une fois ton compte crédité, tu peux acheter des cryptomonnaies. Tu peux généralement choisir parmi plusieurs options de transaction, telles que :

Achat direct : Tu choisis simplement la crypto que tu veux acheter (par exemple, Bitcoin) et tu passes commande pour un montant en euros ou dollars.

Ordre au marché : Tu achètes la crypto au prix actuel du marché.

Ordre à cours limité : Tu fixes un prix spécifique auquel tu veux acheter. Ta commande ne sera exécutée que si le marché atteint ce prix.

Si tu souhaites sécuriser tes cryptos en dehors de la plateforme d'échange, tu peux les retirer vers ton portefeuille personnel ce qui te donne un contrôle total sur tes actifs comme nous l'avons vu.

Gérer les frais et les risques

L'achat de cryptos implique des frais (de transaction, de dépôt, de retrait) qui varient d'une plateforme à l'autre. Il est essentiel de comprendre et de gérer ces coûts pour optimiser tes investissements.

Les types de frais communément rencontrés :

1. **Frais de transaction (ou de trading)** : Souvent entre 0,1 % et 0,5 % par transaction, ils varient en fonction de la plateforme et du type de transaction.

2. **Frais de dépôt** : Certaines plateformes facturent des frais pour le dépôt de fonds par carte de crédit ou par virement bancaire.

3. **Frais de retrait** : Lorsque tu retires tes cryptos de la plateforme vers un portefeuille externe, des frais s'appliquent généralement. Les frais de retrait sont souvent fixes pour chaque type de cryptomonnaie et peuvent varier en fonction de la congestion de la blockchain.

Risques associés aux plateformes d'échange

Bien que les plateformes d'échange simplifient l'achat et la vente de cryptos, elles comportent aussi des risques :

- **Piratages** : Les plateformes centralisées sont des cibles de choix pour les cybercriminels.

- **Régulation et restrictions** : Certaines plateformes peuvent geler les comptes ou restreindre les retraits en fonction des régulations en vigueur.

- **Risque de faillite** : Les plateformes ne sont pas toutes garanties ou assurées. En cas de faillite de la plateforme, tes actifs peuvent être compromis (FTX en novembre 2022).

La vente de cryptomonnaies

Une fois que tu as acheté tes cryptomonnaies, tu voudras peut-être les vendre, que ce soit pour prendre des bénéfices ou pour les réinvestir ailleurs. Vendre des cryptos est généralement aussi simple que d'en acheter

Choisir l'option "Vendre" : Sur la plupart des plateformes, tu choisis la cryptomonnaie que tu souhaites vendre et indiques le montant à vendre. Les manipulations sont les mêmes que pour acheter.

Pour aller plus loin dans l'achat et la vente de cryptomonnaies je te conseille fortement de regarder cette vidéo :

Éléments à considérer avant de vendre

Impôts et fiscalité : Dans la plupart des pays, les profits réalisés sur les cryptos sont soumis à des taxes. Il est essentiel de consulter les règles fiscales locales pour bien comprendre les obligations.

Les oscillations du marché : Le marché des cryptos est très volatil, et les prix peuvent fluctuer rapidement. Si tu penses que la valeur de ta crypto va encore monter, tu peux choisir de ne pas vendre immédiatement.

L'Impact des frais de vente : N'oublie pas de prendre en compte les frais de transaction et de retrait dans tes calculs pour t'assurer que la vente reste rentable.

Comment décider du meilleur moment pour vendre ?

Les marchés des cryptomonnaies sont extrêmement volatils, ce qui signifie que les prix peuvent monter ou descendre de manière drastique en très peu de temps. Cette volatilité est à la fois une opportunité et un risque, car vendre trop tôt ou trop tard peut avoir un impact significatif sur tes bénéfices.

Analyse du marché : Savoir lire les tendances

De nombreux investisseurs en cryptomonnaies s'appuient sur deux types d'analyse pour comprendre les mouvements du marché :

Analyse technique : Elle repose sur l'étude des graphiques de prix et des volumes de transactions pour identifier des motifs récurrents et prévoir les mouvements futurs. Des indicateurs comme les moyennes mobiles, les bandes de Bollinger, et les indices de force relative (RSI) sont utilisés pour signaler les moments potentiellement idéaux pour acheter ou vendre.

Analyse fondamentale : Elle consiste à évaluer la valeur intrinsèque d'un actif en tenant compte de facteurs comme les annonces de partenariats, les développements techniques, et l'état général du marché de la cryptomonnaie.

Nous allons voir ensemble les éléments essentiels que tu dois comprendre lorsque tu analyses une cryptomonnaie

1. Market Cap (Capitalisation Boursière)

La capitalisation boursière d'une cryptomonnaie est la valeur totale de toutes les unités en circulation. Elle est calculée en multipliant le prix actuel de la cryptomonnaie par le nombre total de pièces en circulation.

Exemple : Si une cryptomonnaie a un prix de 100 $ par unité et qu'il y a 10 millions de pièces en circulation, alors sa capitalisation boursière sera de 1 milliard de dollars (100 $ x 10 000 000).

Interprétation : La capitalisation boursière donne une idée de la taille du projet. En général, une large capitalisation (plusieurs milliards) est signe de stabilité relative. Les cryptomonnaies à faible capitalisation (quelques millions ou moins) peuvent être plus volatiles et risquées, mais elles ont également un potentiel de croissance plus important.

Limites : Elle ne tient pas compte des tokens qui ne sont pas encore en circulation (par exemple, ceux en staking ou bloqués pour des raisons de sécurité). Un gros volume détenu par des investisseurs peut aussi fausser la perception de valeur.

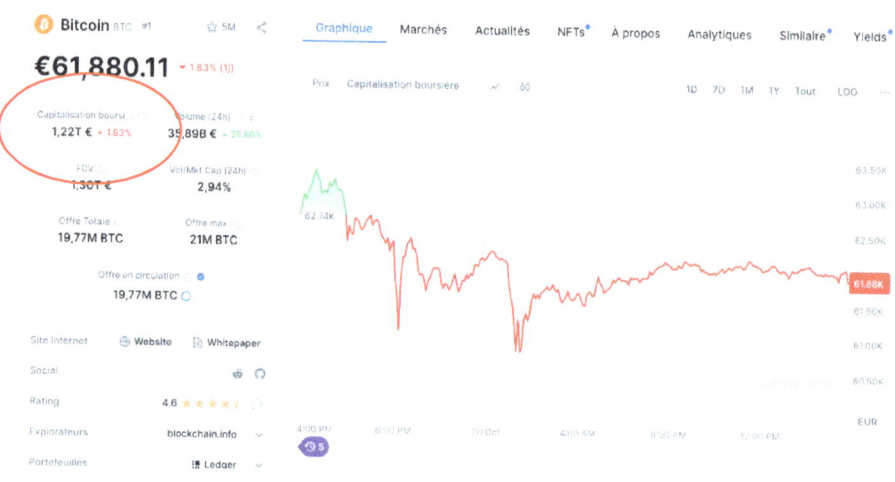

Nom du site : Coinmarketcap

2. Volume de Trading (Volume d'Échanges)

Définition : Le volume de trading correspond au nombre total de pièces échangées sur une période donnée, souvent en 24 heures.

Exemple : Si 1 000 BTC ont été échangés sur un marché en 24 heures, alors le volume de trading de ce marché est de 1 000 BTC.

Interprétation : Un volume élevé est généralement un bon signe de liquidité et d'intérêt du marché. Cela signifie qu'il y a de nombreux acheteurs et vendeurs, rendant plus facile l'achat ou la vente de cette cryptomonnaie sans grande fluctuation de prix.

Limites : Certains volumes peuvent être gonflés artificiellement par des pratiques de "wash trading" où des traders effectuent des transactions entre eux pour donner l'impression d'un fort intérêt.

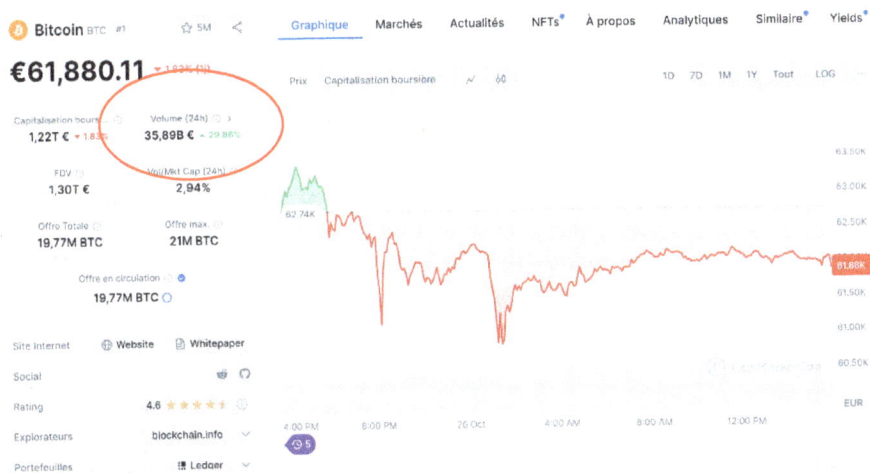

Circulating Supply (Offre en Circulation)

Définition : L'offre en circulation représente le nombre total de pièces actuellement disponibles et en circulation sur le marché, par opposition aux pièces qui sont encore en réserve ou verrouillées.

Exemple : Pour Bitcoin, sur un total de 21 millions de bitcoins possibles, environ 19 millions sont en circulation.

Interprétation : Cette offre est importante car elle affecte directement la rareté et la pression de la demande sur la cryptomonnaie. Une offre plus faible avec une forte demande peut faire monter les prix.

Limites : Certaines cryptomonnaies peuvent avoir une partie de leur offre verrouillée ou en staking, ce qui n'est pas compté dans l'offre en circulation. Aussi, la perte de certaines cryptomonnaies (clés privées perdues) fait que certains tokens sont définitivement retirés du marché sans que cela soit toujours répercuté.

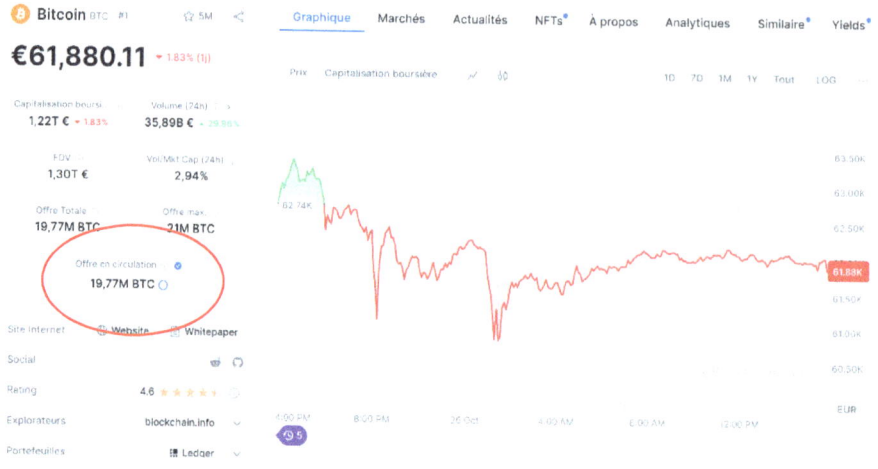

Total Supply (Offre Totale)

Définition : L'offre totale est le nombre de pièces qui existent actuellement, incluant celles qui sont en circulation et celles qui sont bloquées.

Exemple : Si une cryptomonnaie a un total de 50 millions de pièces, mais seulement 30 millions en circulation, l'offre totale est de 50 millions.

Interprétation : L'offre totale permet d'anticiper une possible dilution si toutes les pièces sont libérées dans le futur, ce qui peut influencer la valeur de la cryptomonnaie à long terme. Les investisseurs doivent prendre en compte le potentiel d'inflation de l'offre.

Limites : Dans les cryptomonnaies avec une création continue de nouvelles pièces, l'offre totale peut ne jamais être atteinte et reste théorique.

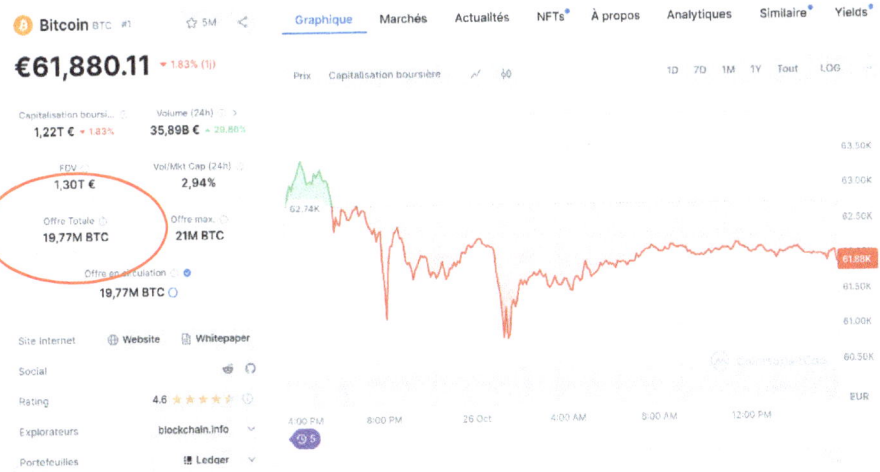

Max Supply (Offre Maximale)

Définition : L'offre maximale est le nombre maximum de pièces qui existeront pour une cryptomonnaie. Bitcoin, par exemple, a une offre maximale fixée à 21 millions.

Exemple : Dans le cas du Bitcoin, l'offre maximale est de 21 millions, et pour le BNB, elle est de 200 millions.

Interprétation : Les cryptomonnaies avec une offre maximale limitée sont souvent comparées à des actifs rares comme l'or, car leur rareté peut en augmenter la valeur si la demande continue de croître.

Limites : Certaines cryptomonnaies n'ont pas d'offre maximale définie. Par exemple, Ethereum n'a pas de limite stricte, ce qui pourrait causer une inflation continue et un impact potentiel sur la valeur de chaque unité.

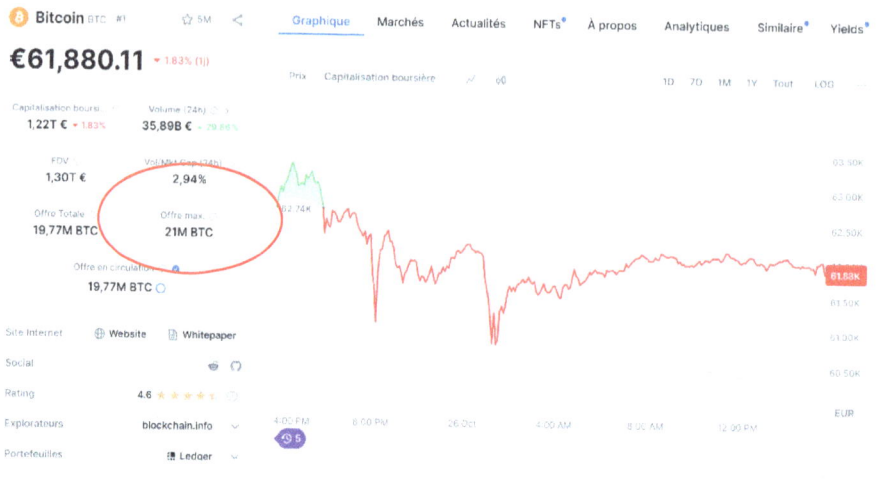

ATH (All-Time High) et ATL (All-Time Low)

Définition : L'ATH est le prix le plus haut jamais atteint par une cryptomonnaie, et l'ATL est le plus bas jamais atteint. Ce sont les extrêmes historiques du prix d'une crypto.

Exemple : Si Bitcoin a atteint un prix record de 69 000 $ en 2021, c'est son ATH. Si son plus bas historique était de 0,01 $ à ses débuts, c'est son ATL.

Interprétation : L'ATH donne une idée du potentiel maximum atteint, tandis que l'ATL montre le point le plus bas auquel la cryptomonnaie peut chuter. Ils servent à comprendre la volatilité historique et la marge de croissance.

Limites : Les ATH et ATL ne garantissent pas de nouveaux records ou de creux similaires. Une crypto peut être influencée par des conditions de marché spécifiques qui ne se répéteront pas.

Site : Tradingview

Indice de Sentiment du Marché (Fear and Greed Index)

Définition : Cet indice évalue l'état émotionnel du marché, de la "peur extrême" à l'"avidité extrême". Il se base sur des indicateurs comme la volatilité, le volume, les réseaux sociaux, les tendances Google, et d'autres éléments d'analyse technique.

Exemple : Un indice de 10 indique une "peur extrême", ce qui signifie que le marché est en forte baisse et que les investisseurs sont très prudents. Un indice de 90 indique une "avidité extrême", ce qui suggère que les investisseurs prennent des risques et achètent fortement.

Interprétation : Un indice de peur peut signaler une opportunité d'achat (car les actifs peuvent être sous-évalués), tandis qu'un indice d'avidité peut signaler une prudence, car il y a un risque de surévaluation et de corrections de prix.

Limites : Les indices émotionnels sont subjectifs et peuvent être volatils eux-mêmes, car ils sont influencés par des facteurs externes, comme les nouvelles ou des annonces réglementaires, qui peuvent ne pas affecter la valeur réelle des cryptos.

Indice de peur et de cupidité

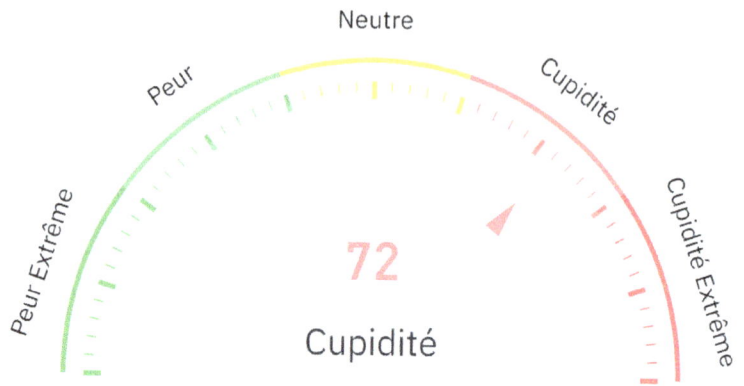

Nom du site : Coinglass

Le RSI : Indicateur de Force du Marché

Le RSI (Relative Strength Index) est un outil d'analyse technique très apprécié pour évaluer la "force" ou l'"intensité" des mouvements de prix d'un actif comme une cryptomonnaie. Cet indicateur permet aux traders de savoir si un actif est en situation de surachat (trop acheté) ou de survente (trop vendu), aidant ainsi à anticiper les mouvements potentiels de marché.

Comment le RSI fonctionne-t-il ?
Le RSI est un oscillateur qui varie entre 0 et 100. Il est calculé en examinant la force des mouvements haussiers et baissiers des derniers jours (généralement sur une période de 14 jours). Son interprétation repose sur des seuils fixes :

- RSI au-dessus de 70 : Il indique une situation de surachat, où le prix pourrait être jugé "trop haut". Ce seuil peut signaler un possible renversement ou une correction à venir.

- RSI en dessous de 30 : Il indique une situation de survente, où le prix pourrait être "trop bas", signalant une opportunité d'achat ou un rebond potentiel.

- RSI entre 30 et 70 : Le marché est dans une zone "normale" ou neutre, où les tendances ne sont pas excessivement marquées.

Imaginons que tu suis le RSI du Bitcoin :

- Si le RSI atteint 80, cela pourrait signaler une situation de surachat. Autrement dit, les investisseurs ont trop acheté de BTC, poussant son prix vers le haut, et le marché pourrait envisager une correction. Cela peut être une alerte pour certains investisseurs de vendre ou d'attendre une baisse avant d'acheter.
- Si le RSI descend à 25, Bitcoin pourrait être en survente. Ce niveau suggère que les investisseurs ont peut-être vendu en masse, ce qui peut indiquer un possible point bas. Certains traders pourraient envisager d'acheter en pensant que le prix est sur le point de remonter.

Pour calculer le RSI, on compare les hausses et les baisses moyennes des derniers jours :

1. On calcule la moyenne des gains et des pertes pour une période donnée (généralement 14 jours).
2. On utilise ces données pour calculer l'indice, avec une formule qui oscille entre 0 et 100.

Ainsi, si les hausses de prix sont beaucoup plus fortes que les baisses, le RSI s'approchera de 100, et inversement si les baisses prédominent.

Avantages et Limites du RSI

- Avantage : Le RSI aide à repérer des points de surachat et de survente, permettant aux traders de mieux anticiper les renversements de tendance.
- Limite : Sur un marché de cryptomonnaies très volatile, le RSI peut générer des signaux erronés ou peu fiables. Par exemple, une

crypto peut rester en situation de surachat ou de survente prolongée sans que le prix baisse ou monte immédiatement.

Le RSI est un outil précieux pour analyser la "santé" d'une cryptomonnaie. Il permet de savoir si l'actif est trop acheté ou trop vendu, mais il doit être utilisé de manière complémentaire avec d'autres indicateurs pour obtenir une vue d'ensemble plus solide.

Gérer ses émotions : ne pas céder à la panique

L'une des erreurs les plus courantes que font les investisseurs débutants est de vendre en situation de panique lorsque le marché baisse fortement. Le **FOMO** (Fear of Missing Out, ou peur de manquer une opportunité) et le **FUD** (Fear, Uncertainty, and Doubt, ou peur, incertitude et doute) sont deux états émotionnels qui peuvent pousser à prendre des décisions précipitées.

- **FOMO** se produit souvent quand le marché monte rapidement et que les investisseurs ont peur de rater une opportunité de gain.

- **FUD** apparaît quand les nouvelles sont négatives ou que le marché baisse brusquement, incitant à vendre par peur de perdre encore plus.

Conseil pratique : Fixe des objectifs à l'avance pour éviter de prendre des décisions sous l'influence de tes émotions. Par exemple, décide du prix auquel tu souhaites vendre et respecte ton plan, même si le marché est très fluctuant.

Utiliser la stratégie du "DCA" (Dollar-Cost Averaging) pour entrer ou sortir d'un actif

La stratégie du Dollar-Cost Averaging (DCA) est une méthode d'investissement qui consiste à acheter ou vendre des actifs à intervalles réguliers pour lisser le coût d'achat ou de vente dans le temps.
Cela réduit l'impact des fluctuations du marché et aide à éviter de prendre des décisions basées sur des pics ou des creux de prix temporaires.
Par exemple, au lieu de vendre l'ensemble de tes actifs en une seule fois, tu pourrais choisir de vendre 10 % de tes cryptomonnaies chaque semaine. Ainsi, tu répartis le risque et te protèges des fluctuations soudaines du marché.

Résumé du Jour 4 : Achat et Vente de Cryptomonnaies

À ce stade, tu as découvert :

- Les différents types de plateformes pour acheter et vendre des cryptomonnaies, avec leurs avantages et inconvénients.

- Le processus détaillé pour acheter des cryptomonnaies sur une plateforme centralisée, avec les étapes de sécurisation, de dépôt de fonds, et de retrait vers un portefeuille personnel.

- Les types de frais associés à l'achat et à la vente, et l'importance de bien comprendre ces coûts pour optimiser tes transactions.

- Les stratégies et considérations essentielles pour vendre, y compris l'analyse des tendances, la gestion des émotions, et les stratégies de vente progressive comme le DCA.

Demain, nous explorerons **les stratégies d'investissement à moyen et long terme** dans le monde des cryptomonnaies. Tu apprendras à diversifier ton portefeuille et à élaborer une stratégie qui correspond à tes objectifs et à ta tolérance au risque.

Jour 5 : Stratégies d'investissement en cryptomonnaies - Penser à moyen et long terme

Dans cette cinquième journée, tu vas découvrir les stratégies d'investissement en cryptomonnaies à moyen et long terme. Plutôt que de se concentrer uniquement sur les variations de prix quotidiennes, une stratégie de long terme vise à **tirer parti des tendances de fond** pour maximiser les profits et réduire le stress lié à la volatilité. Investir en cryptomonnaies peut être abordé de plusieurs façons, en fonction de ton profil, de tes objectifs et de ta tolérance au risque.

Stratégies d'investissement à moyen et long terme

Holding

Le terme "HODL" est né d'une faute de frappe dans un forum, mais il est devenu une stratégie populaire : cela signifie simplement **conserver tes cryptomonnaies sur le long terme**, en espérant que leur valeur augmentera avec le temps. Cette approche est souvent utilisée pour des cryptos majeures comme **Bitcoin** et **Ethereum**, qui bénéficient de fondamentaux solides et de l'adoption croissante.

- *Avantages* : Moins d'effort de gestion au quotidien, tu évites de vendre dans la panique pendant les baisses de marché.
- *Inconvénients* : Cette stratégie requiert de la patience et de la résilience pendant les périodes de baisse prolongée.

Investissement par Etapes (Dollar-Cost Averaging, ou DCA)

On en a déjà parlé, mais le **DCA** est une stratégie très efficace. Plutôt que d'investir une grosse somme d'un coup, tu achètes une petite quantité à intervalles réguliers (chaque semaine, mois, etc.). Cela réduit l'impact de la volatilité et t'évite de "timer" le marché, c'est-à-dire d'essayer de deviner les meilleurs moments pour entrer ou sortir.

- *Avantages* : Facile à mettre en œuvre, réduit le risque lié aux hausses et baisses de prix soudain.

- *Inconvénients* : Le coût total peut être plus élevé si le marché suit une tendance haussière rapide.

Exemple : Supposons que tu souhaites investir 1 000 €. Au lieu de tout investir d'un coup, tu pourrais choisir d'investir 100 € chaque mois sur dix mois. Si le marché fluctue, tu auras acheté à différents prix, ce qui pourrait t'apporter un coût moyen avantageux sur le long terme.

Yield Farming et Staking

Le **yield farming** et le **staking** sont des stratégies où tu "gagnes" des intérêts sur tes cryptomonnaies en les mettant au service de la blockchain ou d'une plateforme DeFi (finance décentralisée).

- **Staking** : Il s'agit de verrouiller des cryptos dans un portefeuille pour soutenir la sécurité d'un réseau blockchain, comme Ethereum 2.0 ou Cardano, et tu es récompensé pour cela avec des intérêts.

- **Yield farming** : Avec cette méthode, tu mets tes cryptos à disposition sur des plateformes DeFi (comme Uniswap ou Aave) pour des activités telles que les prêts ou les pools de liquidité. En retour, tu reçois des récompenses.

Ces stratégies sont particulièrement populaires sur les réseaux utilisant le modèle **Proof of Stake**.

- *Avantages* : Gagner des revenus passifs sans avoir à vendre tes cryptomonnaies.

- *Inconvénients* : Exposition aux risques de piratage si tu utilises des plateformes peu fiables, et potentielle perte de liquidité pendant la période de staking.

Diversification : Ne mets pas tous tes œufs dans le même panier

La diversification est essentielle dans le monde des cryptomonnaies pour minimiser les risques. Cela consiste à répartir ton investissement sur plusieurs types de cryptomonnaies pour éviter que la chute d'une seule d'entre elles n'affecte l'ensemble de ton portefeuille.

Catégories de cryptomonnaies pour diversifier ton portefeuille

1. **Les "Blue Chips"** : Bitcoin, Ethereum, etc.
   - Ce sont les cryptomonnaies les plus stables et les plus capitalisées. Elles représentent généralement une base solide pour ton portefeuille.

2. **Les Altcoins à fort potentiel** : Solana, Near, TAO ...
   - Ces cryptos possèdent des projets innovants et peuvent offrir une croissance rapide. Cependant, elles sont aussi plus volatiles que les blue chips.

3. **Les Stablecoins** : USDT, USDC, BUSD
   - Ils servent à stabiliser ton portefeuille et te permettent de **garder des fonds disponibles** pour saisir des opportunités sans vendre tes autres actifs.

4. **Les Projets Emergents**
   - Certaines cryptos sont très récentes et offrent des rendements potentiels élevés en raison de leur innovation ou de leur niche (NFT, gaming, DeFi). Attention : ce sont aussi des investissements très risqués ! (nous les verrons à la fin du livre)

Erreurs classiques à éviter pour investir en cryptomonnaies

En investissant dans les cryptomonnaies, il est crucial d'éviter certains pièges classiques. Voici les erreurs les plus fréquentes et comment les contourner :

Surréagir aux fluctuations de prix : Le marché des cryptos est très volatil, et il est facile de paniquer face à une forte baisse de prix.

- *Conseil* : Aie une stratégie définie et essaie de t'y tenir, même lorsque le marché bouge rapidement. Le suivi régulier des fondamentaux de tes cryptos peut t'aider à prendre des décisions éclairées.

Investir plus que ce que tu peux te permettre de perdre : Il est essentiel de ne pas investir plus que ce que tu es prêt à perdre.

- *Conseil* : Considère les cryptomonnaies comme une part de ton portefeuille total d'investissements et non comme la seule source de tes économies. Diversifier entre les actifs traditionnels et les cryptos réduit les risques.

Se Laisser Influencer par le "FOMO" et le "FUD" : Les sentiments de FOMO et FUD mènent souvent à des décisions impulsives. Il est important de se rappeler que tous les investissements comportent des risques et que les "promotions" excessives de certaines cryptos sont souvent exagérées.

- *Conseil* : Avant d'acheter ou de vendre sous l'influence des émotions, prends du recul et évalue si la décision est conforme à ta stratégie initiale.

Pour investir, il est aussi fondamental que tu comprennes que le marché est cyclique.

La théorie des cycles de 4 ans dans les cryptomonnaies : L'impact du halving

Un des concepts majeurs dans le marché des cryptomonnaies, particulièrement pour le Bitcoin, est la théorie des cycles de 4 ans. Ces cycles suivent un rythme régulier, marqué par un événement clé appelé halving (ou "réduction de moitié") qui influe de manière significative sur l'offre de Bitcoin, la dynamique de son prix, et souvent sur le marché des cryptomonnaies dans son ensemble. Comprendre cette théorie peut t'aider à anticiper des moments potentiellement plus avantageux pour investir.

Qu'est-ce que le Halving ?

Nous l'avons déjà vu précédemment mais je me permets de le répéter car c'est vraiment un aspect fondamental. Le halving du Bitcoin est un événement programmé dans le code du Bitcoin qui a lieu environ tous les 4 ans, ou tous les 210 000 blocs minés. Ce processus réduit de moitié la récompense que reçoivent les mineurs pour valider les transactions dans le réseau, ce qui signifie que le taux de création de nouveaux bitcoins diminue au fil du temps.

- 2009 : À la création de Bitcoin, chaque bloc miné donnait une récompense de 50 BTC.
- 2012 : Première réduction, avec un passage à 25 BTC par bloc.
- 2016 : Deuxième réduction, avec une récompense de 12,5 BTC par bloc.
- 2020 : Troisième réduction, passant à 6,25 BTC par bloc.
- 2024 : Quatrième réduction (à venir), qui passera la récompense à 3,125 BTC par bloc.

Cette baisse progressive de la quantité de bitcoins nouvellement créés a un impact direct sur l'offre et la demande, car moins de bitcoins sont mis en circulation au fil du temps.

L'Impact du Halving sur le Prix : Le Déclencheur des Cycles

Le halving agit comme un mécanisme de raréfaction. En réduisant l'offre de nouveaux bitcoins, il a tendance à créer une pression haussière sur le prix, surtout si la demande reste stable ou augmente. Historiquement, les halvings ont souvent été suivis d'une montée spectaculaire des prix, comme observé en 2013, 2017 et 2021. Ces pics de prix sont généralement suivis d'une phase de correction importante, formant ainsi des cycles dans lesquels le marché passe par des périodes de hausses exponentielles (les fameux bull markets) suivies de périodes de baisse (bear markets).

Pourquoi ces cycles semblent-ils si réguliers ?

1. **Impact psychologique et FOMO** : La raréfaction crée une sensation d'urgence, incitant les investisseurs à acheter pour ne pas "manquer" une hausse, phénomène connu sous le nom de FOMO (Fear of Missing Out). Lorsque le prix commence à monter suite au halving, il attire davantage d'investisseurs, ce qui accentue la hausse.

2. **Réactions en chaîne sur le marché** : Les grands investisseurs institutionnels, les traders et même les médias amplifient la couverture médiatique et les mouvements de prix. Ce cercle vertueux entraîne une bulle, jusqu'à un pic où la surévaluation provoque une vente massive.

3. **Effet domino sur les altcoins** : À chaque hausse du Bitcoin, le marché des altcoins (toutes les cryptomonnaies autres que Bitcoin) réagit en suivant une trajectoire similaire, car la dynamique de marché devient favorable à l'ensemble des actifs numériques.

Décomposition d'un cycle de 4 ans

Un cycle de 4 ans se divise généralement en plusieurs phases :

Phase 1 (période d'accumulation) : La période d'accumulation commence souvent après une chute importante des prix, lorsque le marché a atteint un niveau relativement bas et que le sentiment des investisseurs est plutôt pessimiste. À ce stade, les investisseurs "patients" et les institutionnels commencent à acheter à bas prix, anticipant la prochaine phase de hausse. C'est une période où le marché est relativement calme.

Phase 2 (hausse progressive et pré-halving) : À l'approche d'un halving, le marché devient optimiste et commence à attirer plus d'acheteurs, ce qui déclenche une hausse progressive du prix. Les investisseurs spéculent sur l'impact du halving et s'attendent à ce que la réduction de l'offre de bitcoins pousse le prix vers de nouveaux sommets. C'est souvent une période de reprise.

Phase 3 (Bullmarket/Bullrun) : Après le halving, l'effet de raréfaction est pleinement ressenti. Cette période est souvent marquée par une explosion haussière du prix. Le marché attire des flux de capitaux importants et l'intérêt des médias, attirant de nouveaux investisseurs et amplifiant le FOMO. C'est une période intense et rapide, où le prix atteint généralement des sommets.

Phase 4 (Bearmarket) : Suite à la phase de pic, le marché subit généralement une correction importante. Le prix chute parfois de manière significative, et la période euphorique laisse place à un marché baissier où les investisseurs se retirent. Cette phase peut être difficile, surtout pour ceux qui ont acheté au plus haut. Cependant, elle marque la fin du cycle et prépare le marché pour la prochaine phase d'accumulation.

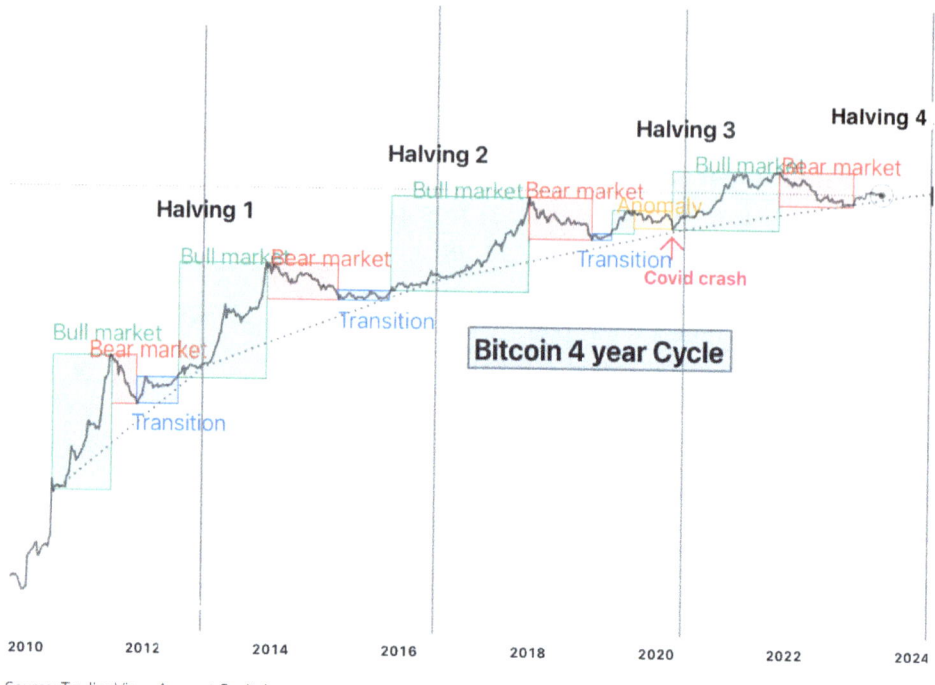
Source: TradingView, Arguant Capital

Investir selon le cycle de 4 ans

La théorie des cycles permet aux investisseurs de repérer des périodes plus ou moins avantageuses pour acheter et vendre :

- **Les meilleurs moments pour investir** : La période d'accumulation (transition sur le graphique) et la phase de hausse progressive sont souvent des moments idéaux pour accumuler des cryptomonnaies, car les prix sont relativement bas et l'anticipation du halving commence à influencer le marché positivement.

- **Prudence pendant le bull market** : Bien que le bull market soit tentant pour investir, il est aussi risqué car les prix peuvent rapidement atteindre des sommets suivis de corrections. C'est une phase où il est souvent recommandé de prendre des profits progressivement pour éviter les pertes importantes.

Contrairement aux cycles d'investissements traditionnels, le Bitcoin a un calendrier de halving intégré, ce qui donne une certaine prévisibilité aux investisseurs. Dans les marchés traditionnels, il n'y a pas de mécanisme automatique de raréfaction des actifs. De plus, l'offre monétaire traditionnelle augmente souvent, notamment en période de crise où les banques centrales impriment davantage de monnaie, diluant la valeur des actifs.

Le Bitcoin, avec sa politique monétaire fixe, représente donc un modèle totalement différent, fondé sur une offre qui diminue avec le temps, et des cycles marqués par cet événement prévisible. Ce modèle attire de nombreux investisseurs à long terme, qui voient en Bitcoin une alternative à l'inflation croissante des monnaies fiduciaires.

La théorie des cycles de 4 ans offre un aperçu unique pour comprendre les mouvements du marché du Bitcoin. Pour ceux qui cherchent à investir en minimisant les risques, elle peut constituer un cadre de réflexion pour choisir les moments propices à l'achat ou à la vente. Cependant, il est essentiel de rappeler que le marché des cryptomonnaies reste volatil et que d'autres facteurs, comme les décisions gouvernementales ou les avancées technologiques, peuvent également influencer les cycles du marché.

Résumé du Jour 5 : Stratégies d'investissement à long terme
Dans ce cinquième jour, tu as découvert :

- **Les stratégies d'investissement à moyen et long terme** : HODLing, Dollar-Cost Averaging (DCA), et le staking/yield farming pour générer des intérêts passifs.

- **L'importance de la diversification** : Comment créer un portefeuille équilibré avec des blue chips, des altcoins, des stablecoins, et des projets émergents pour gérer les risques.

- **Les erreurs classiques à éviter** : En comprenant les pièges courants, tu peux protéger ton investissement et prendre des décisions plus rationnelles.

Demain, dans le sixième jour de ce guide, nous approfondirons la **sécurité des cryptomonnaies** : comment sécuriser tes actifs et te protéger contre les piratages et les fraudes.

Jour 6 : Sécurité des cryptomonnaies – Protéger ses actifs des piratages et des fraudes

Aujourd'hui, nous abordons l'un des aspects les plus critiques de l'investissement en cryptomonnaies : la sécurité. Dans un environnement numérique en constante évolution, les cybermenaces sont nombreuses, et les cryptomonnaies, bien qu'innovantes, ne sont pas sans risques. Protéger tes actifs est essentiel, car contrairement aux banques, il n'existe pas d'assurance ou d'institution centralisée pour récupérer tes fonds en cas de perte ou de vol.

Dans cette journée, tu apprendras les meilleures pratiques pour sécuriser tes actifs, éviter les arnaques courantes et garder tes investissements protégés.

Nous avons déjà vu les différents types de wallet mais retiens ce principe : Si tu prévois de conserver tes cryptomonnaies pendant longtemps sans effectuer de transactions régulières, un portefeuille type Ledger est une excellente solution, si tu veux faire des transactions ou te servir de tes cryptos alors garde uniquement une partie partie sur des exchanges ou des wallets type métamask.

Meilleures pratiques pour la gestion des clés privées et des seed phrases

Ne jamais partager ta clé privée : Garde-la confidentielle et évite de l'enregistrer en ligne (cloud, emails).

Utiliser du stockage physique : Note ta seed phrase sur du papier ou sur un dispositif sécurisé non connecté à Internet.

Éviter les captures d'écran : Ne prends jamais de photo ou de capture d'écran de ta seed phrase. Conserve-la hors ligne pour une sécurité maximale.

Exemple : Supposons que tu aies enregistré ta seed phrase dans une note sur ton téléphone. Si ton téléphone est piraté ou volé, le pirate pourrait avoir accès à ton portefeuille. C'est pourquoi il est recommandé d'écrire ta seed phrase sur un support physique, comme un morceau de papier.

Protéger tes comptes d'échange avec l'authentification à deux facteurs (2FA)

Si tu utilises des plateformes d'échange pour acheter, vendre ou stocker temporairement tes cryptomonnaies, **activer l'authentification à deux facteurs** (2FA) est une mesure de sécurité indispensable.

Qu'est-ce que l'authentification à deux facteurs (2FA) ?

Le 2FA ajoute une couche de sécurité en exigeant un code supplémentaire pour se connecter à ton compte. Ce code est généralement généré par une application (comme Google Authenticator) et change toutes les 30 secondes.

- **Avantages** : Même si un pirate obtient ton mot de passe, il lui sera difficile de se connecter sans ton code 2FA.

- **Inconvénients** : Il est essentiel de sauvegarder ton code de récupération, car si tu perds l'accès à ton appareil 2FA, tu pourrais avoir des difficultés à te reconnecter.

Conseil : Utilise des applications de 2FA basées sur une application (Google Authenticator, Authy) plutôt que le SMS, car les codes SMS peuvent être interceptés en cas de piratage de ta carte SIM.

Identifier les arnaques et fraudes courantes en cryptomonnaies

Dans l'univers des cryptomonnaies, les arnaques et fraudes sont malheureusement fréquentes. Voici quelques-unes des escroqueries les plus courantes et des conseils pour t'en protéger.

Phishing

Le phishing est une tentative d'hameçonnage où des escrocs créent de faux sites Web ou envoient des e-mails trompeurs pour te pousser à saisir tes informations sensibles.

- **Exemples** : Tu reçois un email prétendant être d'une plateforme d'échange, t'invitant à "vérifier" ton compte. Le lien te dirige vers un faux site qui vole tes informations de connexion.
- **Conseil** : Toujours vérifier l'URL des sites que tu visites et éviter de cliquer sur les liens d'emails non sollicités.

Faux airdrops et scams de giveaway (cadeau)

Les faux airdrops promettent des cryptomonnaies gratuites en échange d'informations personnelles ou de petits paiements initiaux. Les scams de giveaway demandent souvent des cryptos pour participer, mais il n'y a jamais de récompense.

- **Exemple** : Sur les réseaux sociaux, tu vois une publication affirmant que quelqu'un "doublera" les montants envoyés à une adresse. En réalité, l'argent envoyé est perdu à jamais.
- **Conseil** : Méfie-toi des offres qui semblent trop belles pour être vraies, et vérifie toujours les informations provenant de sources officielles.

"Pump and Dump" (Pousser pour Revendre)

Certains groupes organisent des hausses artificielles de prix ("pump") pour attirer des acheteurs, avant de revendre massivement et de provoquer une baisse de prix brutale ("dump"). Ceux qui achètent au plus haut finissent souvent par perdre leur investissement.

- **Conseil** : Évite les groupes de trading qui te promettent des rendements garantis. Une analyse indépendante est souvent plus fiable que de suivre la tendance.

Sécuriser tes transactions : Les précautions essentielles

Avant d'envoyer une transaction en cryptomonnaies, il est important de prendre certaines précautions, car les transactions sont irréversibles.

Vérifier les adresses de portefeuille : Les adresses de portefeuilles sont de longues chaînes de caractères, et une seule erreur rend la transaction invalide ou peut envoyer les fonds à la mauvaise personne. Pour éviter les erreurs :

- **Copier-coller** l'adresse plutôt que de la saisir manuellement.
- **Vérifier** les trois premiers et les trois derniers caractères de l'adresse pour s'assurer de l'exactitude.

Faire un petit test avant de transférer de grosse somme : Avant d'envoyer une grosse somme, effectue un transfert test avec une petite somme pour t'assurer que tu as bien saisi l'adresse. Cela peut éviter des erreurs coûteuses.

Prendre en compte les frais de transaction : Les frais de transaction varient en fonction des réseaux. Si les frais sont élevés au moment de la transaction (ce qui peut arriver dans les périodes d'activité intense sur la blockchain), tu pourrais décider d'attendre pour éviter des frais trop élevés.

Cette leçon était courte mais pourtant elle est fondamentale. Faire des gains en cryptomonnaies est très difficile, il serait regrettable de perdre tous ses actifs sur de simples erreurs d'inattention.

pour notre dernière journée ! Nous aborderons **l'avenir des cryptomonnaies et les tendances émergentes**, afin que tu sois prêt à explorer les opportunités de demain dans cet univers passionnant.

Jour 7 : L'Avenir des cryptomonnaies – Tendances et opportunités pour l'investisseur de demain

Bravo, tu es arrivé au dernier jour de ce guide ! Pour clore ce parcours, nous allons explorer les tendances émergentes dans le monde des cryptomonnaies. Comme nous l'avons vu, l'univers des cryptos a évolué bien au-delà de Bitcoin, et de nombreuses innovations ont vu le jour : finance décentralisée (DeFi), tokens non fongibles (NFTs), métavers, CBDCs (Central Bank Digital Currencies), et plus encore.

Toutefois, ces domaines sont en perpétuel évolution et l'enjeu pour nous en tant qu'investisseur est de trouver les prochains projets et narratifs qui brilleront. Ce chapitre vise à te donner une vision d'ensemble des perspectives futures et des nouvelles opportunités à surveiller pour te préparer aux évolutions de cet écosystème en perpétuel mouvement.

Attention, les propos qui vont suivre relèvent de pistes de réflexions, ils ne constituent en aucun cas des conseils financiers, tu dois impérativement faire tes propres recherches avant d'investir.

La Finance Décentralisée (DeFi) : Une révolution technologique et économique du secteur financier

La finance décentralisée (DeFi) est en train de redéfinir la manière dont nous percevons et utilisons les services financiers, en se basant sur la blockchain pour offrir des solutions ouvertes, sans intermédiaires traditionnels comme les banques ou les courtiers. En utilisant des protocoles DeFi, les utilisateurs peuvent réaliser des opérations telles que les prêts, les emprunts, les assurances et les échanges sans recourir à une institution centralisée. La DeFi repose principalement sur la blockchain Ethereum et d'autres blockchains compatibles avec les contrats intelligents, qui permettent d'automatiser et de sécuriser des transactions sans intervention humaine.

Pourquoi la DeFi est-elle révolutionnaire ?

La DeFi apporte des changements profonds dans l'économie et la gestion des actifs grâce à trois caractéristiques essentielles : l'accessibilité, la transparence et l'autonomie des utilisateurs.

Accessibilité : Une finance sans frontières

Dans les systèmes financiers traditionnels, l'accès aux services financiers dépend de plusieurs facteurs, comme la localisation géographique, le niveau de crédit et les restrictions réglementaires. Avec la DeFi, les services sont disponibles pour toute personne disposant d'une connexion Internet et d'un portefeuille numérique (wallet). Cette accessibilité élargit les possibilités pour des millions de personnes non bancarisées à travers le monde, notamment dans des pays où l'infrastructure bancaire est sous-développée.

Par exemple, sur Aave, un utilisateur peut déposer de l'ETH (Ethereum) pour obtenir un prêt en DAI (stablecoin), le tout sans vérification de solvabilité ni approbation d'un gestionnaire de banque. Cette indépendance des services financiers vis-à-vis des banques représente une avancée majeure pour ceux qui sont en marge des systèmes bancaires traditionnels.

Le DeFi peut-elle remplacer les banques ?

La question se pose de savoir si la DeFi pourrait à terme remplacer les banques traditionnelles. Bien que les services DeFi offrent de nombreux avantages en matière d'accessibilité et d'autonomie, la technologie reste complexe pour de nombreux utilisateurs. De plus, l'absence de régulation constitue un obstacle, car les pertes ou fraudes ne sont pas compensées. Ce cadre peut freiner les utilisateurs qui sont plus à l'aise avec des systèmes garantis par des entités centralisées, comme les banques. Cependant, pour des personnes cherchant indépendance et flexibilité, la DeFi constitue une alternative séduisante qui remet en cause les structures financières traditionnelles.

En somme, la DeFi est une révolution dans la finance, mais elle comporte des risques et des défis que chaque utilisateur doit bien comprendre avant de s'engager pleinement.

L'Importance de l'Intelligence Artificielle et son lien avec les cryptomonnaies

Pourquoi l'IA est-elle importante ?

L'intelligence artificielle est devenue une pierre angulaire de l'innovation technologique moderne.

Automatisation et efficacité : L'IA permet d'automatiser des tâches répétitives et laborieuses, ce qui améliore l'efficacité opérationnelle dans de nombreux secteurs. Par exemple, dans la finance, les algorithmes d'IA peuvent analyser des millions de transactions en un instant, identifiant des modèles et des anomalies qui pourraient échapper à un humain.

Analyse prédictive : Grâce à des algorithmes d'apprentissage automatique, l'IA peut analyser des données historiques pour prédire des tendances futures. Cela est particulièrement utile dans des domaines comme le marketing, la finance, et même les soins de santé, où des décisions éclairées peuvent être prises rapidement.

Personnalisation : L'IA permet une expérience utilisateur plus personnalisée. Que ce soit dans le e-commerce, les médias sociaux ou même les services financiers, les systèmes intelligents peuvent recommander des produits ou des services basés sur le comportement et les préférences des utilisateurs.

Résolution de problèmes complexes : L'IA peut aborder des problèmes complexes qui nécessitent une puissance de calcul immense. Par exemple, dans la recherche scientifique, l'IA peut modéliser des systèmes biologiques complexes, contribuant à des avancées dans la médecine et la biotechnologie.

Lien entre l'IA et les cryptomonnaies

L'interaction entre l'IA et les cryptomonnaies est particulièrement significative pour plusieurs raisons. L'IA peut optimiser les transactions dans le réseau blockchain en analysant les données du marché en temps réel. Par exemple, des algorithmes peuvent prédire les fluctuations de prix, permettant aux traders d'exécuter des transactions au meilleur moment. De plus, dans le domaine des cryptomonnaies, la sécurité est primordiale. L'IA peut analyser les comportements des utilisateurs et détecter des anomalies indiquant une activité frauduleuse, contribuant ainsi à sécuriser les plateformes d'échange.

Ensuite, les services financiers décentralisés (DeFi) utilisent l'IA pour automatiser divers processus, comme l'évaluation des risques de crédit et la gestion des liquidités. Cela permet de rendre les services financiers plus accessibles et efficaces, sans nécessiter d'intermédiaires.

Également, les traders et investisseurs peuvent utiliser des systèmes d'IA pour analyser des tendances historiques et développer des stratégies d'investissement. Par exemple, des algorithmes peuvent être entraînés pour évaluer les mouvements de prix des cryptomonnaies et suggérer des opportunités d'achat ou de vente.

Aussi, les projets d'IA dans l'espace crypto, comme les chatbots et les assistants virtuels, rendent les informations et les services liés aux cryptomonnaies plus accessibles aux utilisateurs non avertis. Cela contribue à l'éducation et à l'adoption des cryptomonnaies.

Enfin, certains projets de blockchain explorent l'intégration de l'IA dans leurs mécanismes de consensus. Par exemple, l'IA peut aider à déterminer les meilleures solutions pour atteindre un consensus, améliorant ainsi l'efficacité et la sécurité des réseaux.

Une alliance stratégique

L'intelligence artificielle et les cryptomonnaies sont deux forces technologiques qui, lorsqu'elles sont combinées, peuvent engendrer des innovations révolutionnaires. L'IA apporte des capacités d'analyse et d'automatisation qui améliorent la sécurité, l'efficacité et l'accessibilité des transactions basées sur la blockchain. Tandis que le secteur des cryptomonnaies continue d'évoluer, l'IA jouera un rôle central dans son développement futur, offrant des solutions aux défis actuels et ouvrant la voie à des opportunités inédites. Cette synergie entre l'IA et les cryptomonnaies ne fait que commencer à dévoiler son potentiel, et il sera fascinant de voir comment ces technologies continueront à s'entrelacer dans les années à venir.

Projets cryptos prometteurs liés à l'Intelligence Artificielle

Les projets que j'évoque ne sont pas un conseil un investissement, de plus je vais les aborder de manière générale, à toi de faire tes recherches comme nous avons appris à le faire .

Fetch.ai (FET)

Fetch.ai est une plateforme qui combine l'IA et la technologie blockchain pour créer un écosystème d'agents autonomes capables d'interagir entre eux et d'exécuter des tâches variées. Ces agents peuvent être utilisés pour optimiser des services dans divers secteurs, comme le transport, la logistique et l'énergie.

Caractéristiques :

- **Agents autonomes** : Les agents peuvent apprendre et prendre des décisions en temps réel, améliorant ainsi l'efficacité et la réactivité des systèmes.

- **Interopérabilité** : Les agents peuvent communiquer entre eux sur la blockchain, ce qui permet de créer des solutions complexes.

Fetch.ai pourrait transformer de nombreux secteurs en automatisant les processus et en améliorant l'efficacité, en réduisant les coûts et en augmentant la productivité grâce à l'IA.

Ocean Protocol (OCEAN)

Ocean Protocol est une plateforme qui facilite l'échange et la monétisation de données, tout en intégrant des services d'IA. Elle permet aux utilisateurs de publier, partager et consommer des données tout en garantissant la confidentialité et la sécurité.

Caractéristiques :

Marché de données décentralisées : Les utilisateurs peuvent acheter et vendre des données pour alimenter des modèles d'IA.

Propriété des données : Les propriétaires de données conservent le contrôle de leurs données tout en les monétisant.

Avec la montée en puissance de l'IA, l'accès à des données de qualité est crucial. Ocean Protocol permet d'accéder à des données nécessaires tout en respectant la propriété intellectuelle, ce qui est essentiel pour l'innovation.

TAO (The Tao Network)

TAO est une plateforme de blockchain qui se concentre sur la création d'un écosystème de services décentralisés, en mettant l'accent sur l'intelligence artificielle et le machine learning. L'objectif de TAO est de rendre l'IA accessible à tous, en fournissant une infrastructure décentralisée qui facilite le développement et le déploiement d'applications d'IA.

Caractéristiques :

Infrastructure décentralisée : TAO propose un cadre pour le développement d'applications d'IA sans dépendre d'entités centralisées, ce qui renforce la sécurité et la transparence.

Interopérabilité : La plateforme permet aux développeurs d'intégrer leurs solutions d'IA dans différents environnements blockchain, facilitant ainsi l'échange de données et d'algorithmes.

TAO peut transformer le paysage de l'IA en rendant ses outils plus accessibles et en favorisant l'innovation à travers un modèle décentralisé. Les utilisateurs et les entreprises peuvent ainsi développer des applications d'IA personnalisées sans se soucier des contraintes des infrastructures centralisées.

Render Network (RNDR)

Render Network est une plateforme qui utilise la blockchain pour faciliter le rendu graphique décentralisé. Elle permet aux utilisateurs de partager et de louer la puissance de calcul inutilisée de leurs appareils pour exécuter des tâches de rendu, essentielles dans des domaines comme l'animation 3D, les effets visuels et la réalité virtuelle.

Caractéristiques :

Rendu décentralisé : Les artistes et les développeurs peuvent soumettre leurs projets de rendu et faire appel à la puissance de calcul fournie par d'autres utilisateurs sur le réseau.

Économie de partage : Les utilisateurs peuvent gagner des tokens RNDR en offrant leur puissance de calcul, créant ainsi une économie de partage autour du rendu graphique.

Render Network répond à la demande croissante de ressources de rendu dans des secteurs créatifs en pleine expansion, tout en utilisant une approche décentralisée. Cela permet aux créateurs de produire du contenu de haute qualité sans avoir à investir massivement dans des infrastructures coûteuses.

NEAR Protocol (NEAR)

NEAR Protocol est une plateforme de blockchain conçue pour le développement d'applications décentralisées (dApps). Elle se distingue par sa facilité d'utilisation, sa scalabilité et ses performances élevées. NEAR utilise un mécanisme de consensus innovant appelé "Doomsday" qui permet des transactions rapides et peu coûteuses.

Caractéristiques :

Scalabilité : NEAR peut traiter des milliers de transactions par seconde grâce à sa technologie de sharding, qui divise le réseau en segments plus petits pour améliorer les performances.

Facilité d'utilisation : Les développeurs peuvent créer des dApps en utilisant des langages de programmation familiers comme Rust et AssemblyScript, ce qui facilite l'intégration et le développement.

Interopérabilité : NEAR est conçu pour interagir avec d'autres blockchains, permettant aux utilisateurs d'échanger des actifs entre différentes chaînes.

NEAR a le potentiel de devenir une plateforme clé pour le développement d'applications décentralisées, en fournissant des outils accessibles et une infrastructure performante. Sa capacité à évoluer avec la demande fait de NEAR un choix attrayant pour les développeurs et les entreprises cherchant à explorer les opportunités offertes par la blockchain.

The Graph (GRT)

The Graph est un protocole de requêtes décentralisé qui permet aux développeurs de construire des applications en accédant à des données sur les blockchains. Il permet d'indexer et de récupérer des données de manière efficace, rendant l'accès aux informations blockchain plus facile et rapide.

Caractéristiques :

Indexation décentralisée : The Graph crée un réseau d'indexeurs qui collectent et organisent les données des différentes blockchains, permettant aux dApps de fonctionner de manière fluide.

Subgraphes : Les développeurs peuvent créer des "subgraphes" pour indexer des données spécifiques et les interroger facilement, améliorant ainsi l'efficacité du développement.

Économie de Tokens : Le protocole utilise des tokens GRT pour récompenser les indexeurs et les créateurs de sous-graphes, créant un modèle économique incitatif.

The Graph est essentiel pour l'écosystème des dApps, car il résout le problème de l'accès aux données. En facilitant l'indexation et la requête de données, The Graph permet aux développeurs de se concentrer sur la création de fonctionnalités innovantes sans se soucier de la gestion des données. Cela peut favoriser l'émergence de nouveaux cas d'utilisation pour les applications blockchain.

Les Actifs Réels Tokenisés (RWA) : Une Révolution dans l'Investissement

Qu'est-ce que les RWA ?

Les Actifs Réels Tokenisés (RWA) désignent la numérisation de biens tangibles tels que l'immobilier, les matières premières, les œuvres d'art, ou même des parts d'entreprise, en utilisant des technologies blockchain. Cette transformation permet de représenter des actifs physiques sous forme de tokens numériques, offrant ainsi une plus grande liquidité, accessibilité et efficacité dans le processus d'investissement.

Pourquoi les RWA sont-ils importants ?

Les RWA permettent aux investisseurs d'accéder à des classes d'actifs qui étaient traditionnellement réservées aux investisseurs institutionnels ou aux personnes disposant d'un capital important. Par exemple, en tokenisant un bien immobilier de plusieurs millions de dollars, plusieurs investisseurs peuvent acheter une fraction de ce bien, rendant l'investissement immobilier accessible à un plus grand nombre de personnes.

En tokenisant des actifs réels, la liquidité est considérablement améliorée. Les tokens peuvent être échangés sur des plateformes décentralisées ou centralisées, permettant ainsi aux investisseurs d'acheter ou de vendre rapidement leurs parts d'actifs. Cela réduit le temps et les coûts associés à la vente d'actifs physiques, qui peuvent souvent être longs et complexes.

Les transactions de RWA sont enregistrées sur la blockchain, ce qui garantit un niveau de transparence élevé. Cela permet aux investisseurs de vérifier l'historique des transactions et de s'assurer de la légitimité des actifs sous-jacents. Par exemple, un token représentant une œuvre d'art pourrait fournir des preuves d'authenticité et de provenance, renforçant ainsi la confiance des acheteurs.

La tokenisation réduit les coûts de transaction et simplifie le processus d'investissement. Les contrats intelligents peuvent automatiser de nombreux aspects du processus, tels que la distribution des revenus locatifs ou les paiements de dividendes, rendant l'ensemble du système plus efficace et moins sujet aux erreurs humaines.

Projets Clés dans l'Espace RWA

Centrifuge (CFG)

Centrifuge est une plateforme qui permet de tokeniser des actifs du monde réel, tels que des factures, des prêts ou des biens immobiliers, et de les utiliser dans la finance décentralisée (DeFi). Son objectif est de connecter le monde des actifs traditionnels aux opportunités offertes par la blockchain.

Caractéristiques :

Tokenisation des actifs : Centrifuge permet aux entreprises de transformer leurs actifs en tokens, ce qui les rend accessibles aux investisseurs sur la blockchain.

Rendement passif : Les investisseurs peuvent financer des actifs tokenisés en échange d'un rendement, ce qui offre une nouvelle avenue d'investissement.

Interopérabilité : Centrifuge fonctionne sur la blockchain Polkadot, ce qui permet des échanges de valeur avec d'autres réseaux et une meilleure scalabilité.

Centrifuge apporte une solution innovante aux défis de liquidité rencontrés par les entreprises en tokenisant leurs actifs. Cela crée de nouvelles opportunités d'investissement pour les utilisateurs de DeFi tout en facilitant l'accès au financement pour les entreprises, ce qui pourrait transformer la façon dont les actifs sont gérés et échangés.

Polymesh (POLYX)

Polymesh est une blockchain dédiée aux actifs réglementés, conçue pour répondre aux besoins des institutions financières. Elle vise à simplifier la création et la gestion d'actifs numériques tout en respectant les exigences réglementaires.

Caractéristiques :

Conformité réglementaire : Polymesh intègre des fonctionnalités de conformité dès sa conception, permettant aux émetteurs d'actifs de respecter les lois et régulations en vigueur.

Identités vérifiées : La plateforme utilise des identités numériques vérifiées pour s'assurer que seuls les utilisateurs conformes peuvent participer aux transactions, augmentant ainsi la sécurité et la confiance.

Interopérabilité : Polymesh est construit sur le réseau Polkadot, permettant l'échange d'actifs avec d'autres blockchains et l'accès à des fonctionnalités DeFi.

Polymesh pourrait devenir un acteur majeur dans la tokenisation des actifs réglementés, répondant ainsi aux besoins spécifiques des institutions financières.
En facilitant la création d'actifs numériques conformes, Polymesh ouvre la voie à une adoption plus large des actifs numériques dans les marchés traditionnels.

Pendle (PENDLE)

Pendle est un protocole DeFi qui permet aux utilisateurs de tokeniser leurs actifs générant des revenus, comme les staking rewards, et de les échanger. L'objectif de Pendle est de déverrouiller la liquidité de ces actifs, permettant aux utilisateurs de maximiser leur rendement.

Caractéristiques :

Tokenisation des revenus : Pendle permet aux utilisateurs de séparer la propriété de l'actif et les droits aux revenus futurs, en créant des tokens spécifiques pour chacun.

Échanges de Tokens : Les utilisateurs peuvent échanger des tokens de revenus contre d'autres actifs, offrant plus de flexibilité et de stratégies d'investissement.

Opportunités de rendement : En permettant la vente des droits aux revenus futurs, Pendle offre aux investisseurs une nouvelle façon de générer des rendements sur leurs actifs.
Pendle ouvre la porte à une nouvelle approche de la liquidité dans le secteur DeFi. En permettant la tokenisation des revenus futurs, les utilisateurs peuvent tirer parti de leurs actifs d'une manière qui n'était pas possible auparavant augmentant ainsi l'attrait de l'écosystème DeFi pour un public plus large.

Pourquoi les RWA sont-ils révolutionnaires ?

Les RWA permettent à un plus large éventail d'investisseurs d'accéder à des classes d'actifs qui étaient traditionnellement inaccessibles. Cela favorise une démocratisation de l'investissement, où chacun peut participer, quelle que soit sa situation financière.

De plus, La tokenisation permet aux investisseurs de diversifier leur portefeuille en ajoutant des actifs réels tels que l'immobilier ou des œuvres d'art, réduisant ainsi les risques associés à une concentration excessive dans des actifs financiers traditionnels. En éliminant les intermédiaires, les RWA réduisent les frais associés à la gestion d'actifs. Cela se traduit par des rendements plus élevés pour les investisseurs, car une plus grande part des bénéfices est conservée.

Ainsi, les Actifs Réels Tokenisés (RWA) représentent une avancée significative dans la manière dont nous concevons l'investissement. En combinant le meilleur des deux mondes, la tangibilité des actifs réels et la flexibilité des technologies blockchain, les RWA offrent une nouvelle perspective sur l'accès, la liquidité et la transparence des investissements. À mesure que cet espace continue de se développer, il sera fascinant de voir comment les RWA façonnent l'avenir des investissements et modifient notre compréhension de la propriété.

Le Métavers et les cryptomonnaies : Un monde virtuel alimenté par la Blockchain

Le métavers est un espace virtuel immersif et persistant, où les utilisateurs interagissent avec un environnement numérique en utilisant des avatars. Cette vision de l'internet évolue au-delà des simples sites web et applications en ligne, créant des univers interconnectés où la réalité virtuelle (VR) et la réalité augmentée (AR) se rejoignent. Dans cet écosystème, les cryptomonnaies et les tokens jouent un rôle essentiel en facilitant les échanges et les interactions économiques.

L'Importance des cryptomonnaies dans le métavers

Les cryptomonnaies et les NFTs sont intégrées au métavers de plusieurs manières significatives.

Les cryptomonnaies, comme Ethereum, Decentraland (MANA) ou Axie Infinity (AXS), servent de monnaie d'échange pour acheter des biens et services virtuels. Par exemple, dans Decentraland, les utilisateurs peuvent acheter des terrains virtuels et les développer en utilisant des ressources et des actifs numériques, payés en MANA. Ces transactions sont instantanées et sécurisées grâce à la technologie blockchain, ce qui élimine les intermédiaires habituels.

Ensuite, les NFTs permettent aux utilisateurs de posséder des actifs numériques uniques qui peuvent être transférés entre différents métavers. Par exemple, un utilisateur pourrait acheter un costume virtuel sous forme de NFT dans un jeu, puis l'utiliser dans un autre univers virtuel, renforçant ainsi l'idée d'une économie numérique interconnectée. Cette interopérabilité est essentielle pour créer un métavers dynamique où les actifs peuvent circuler librement. Le métavers ouvre la porte à des opportunités de monétisation innovantes. Les artistes peuvent vendre des œuvres d'art numériques, des musiciens peuvent organiser des concerts virtuels payants, et les créateurs de contenu peuvent monétiser leur travail via des plateformes basées sur des cryptomonnaies.

Par exemple, des concerts en VR, comme ceux organisés par le groupe Travis Scott dans Fortnite, montrent comment la musique et le divertissement peuvent s'entrelacer avec des expériences virtuelles, générant des revenus substantiels pour les artistes.

Les actifs dans le métavers, qu'il s'agisse de terrains virtuels, d'œuvres d'art numériques ou d'objets de collection, sont enregistrés sur la blockchain, ce qui garantit leur provenance et leur propriété. Cela offre aux utilisateurs une sécurité inégalée par rapport aux actifs traditionnels, où la vérification de la propriété peut être un processus complexe et long. Par exemple, le marché des NFTs a explosé en 2021, avec des ventes atteignant des millions de dollars, prouvant ainsi l'appétit pour la propriété numérique.

Projets prometteurs dans la narrative du Métavers

Decentraland (MANA)

Un des premiers mondes virtuels entièrement décentralisés où les utilisateurs peuvent acheter, vendre et construire sur des terrains virtuels. Les transactions se font en MANA, la cryptomonnaie de la plateforme. Decentraland permet aux utilisateurs de créer des expériences personnalisées, allant de galeries d'art à des espaces commerciaux, offrant ainsi une plateforme pour la créativité et l'innovation.

The Sandbox (SAND)

Un environnement virtuel où les utilisateurs peuvent créer, posséder et monétiser leurs expériences de jeu. Les terrains et objets sont échangés sous forme de NFTs, et le jeton SAND est utilisé pour les transactions.
The Sandbox a attiré de grandes marques comme Adidas et Snoop Dogg, montrant comment le métavers peut fusionner avec le monde réel pour créer de nouvelles expériences de marque.

Axie Infinity (AXS)

Un jeu basé sur la blockchain où les utilisateurs élèvent, combattent et échangent des créatures appelées Axies, qui sont des NFTs. Les transactions se font principalement en AXS et SLP.
Axie Infinity a ouvert la voie à des modèles de jeu "Play-to-Earn", permettant aux joueurs de gagner de la crypto-monnaie simplement en jouant, ce qui a généré un énorme intérêt, surtout dans les économies en développement.

Pourquoi le métavers est révolutionnaire

Le métavers offre un nouvel espace pour l'interaction sociale, où les utilisateurs peuvent se rencontrer, socialiser et collaborer, indépendamment de leur localisation physique. Cela transforme notre manière de communiquer et de créer des communautés. La combinaison des cryptomonnaies et des NFTs crée une nouvelle économie numérique, où la valeur est attribuée aux actifs numériques de manière innovante. Les utilisateurs peuvent échanger, vendre et acheter des biens numériques de manière fluide, stimulant ainsi la croissance économique dans ces environnements. Le métavers ouvre des possibilités pour l'éducation et le travail à distance, permettant des expériences d'apprentissage immersives et des collaborations professionnelles sans les contraintes de l'espace physique. Cela pourrait redéfinir l'avenir du travail et de l'éducation.

Le métavers, soutenu par les cryptomonnaies et la technologie blockchain, représente un changement de paradigme dans notre façon d'interagir, de créer et de posséder des actifs. À mesure que ce monde virtuel continue de se développer, il façonnera l'avenir de nombreux secteurs, de l'économie à l'éducation, tout en offrant aux utilisateurs une nouvelle manière d'explorer et de vivre des expériences numériques. Le potentiel est immense, et il sera fascinant de voir comment ces innovations évoluent dans les années à venir.

Mot de Conclusion

L'aventure que nous avons entreprise au cours de ce livre est bien plus qu'une simple exploration des cryptomonnaies. Elle représente une plongée profonde dans un écosystème en constante évolution, où technologie, finance, et innovation se rencontrent pour redéfinir les paradigmes de l'économie moderne. À travers une série de thèmes clés, nous avons examiné non seulement ce que sont les cryptomonnaies, mais également pourquoi elles sont importantes et comment elles transforment notre monde.

Nous avons commencé par établir une base solide en définissant ce qu'est une cryptomonnaie, avec un accent particulier sur le Bitcoin et l'Ethereum. Le Bitcoin, souvent désigné comme une "réserve de valeur", a introduit une nouvelle forme d'argent qui ne dépend d'aucune institution centrale. Son mécanisme de Proof of Work et sa structure décentralisée en font un actif unique et fiable. D'autre part, Ethereum, avec ses capacités de contrat intelligent, a ouvert la voie à une nouvelle ère d'applications décentralisées, transformant la manière dont nous concevons les services financiers et numériques.

Nous avons ensuite plongé dans les différents types de cryptomonnaies, y compris les altcoins, les stablecoins et les tokens. Chacun de ces actifs a ses propres caractéristiques et utilisations, que ce soit pour la volatilité, la stabilité ou des applications spécifiques. Les stablecoins, par exemple, ont été présentés comme une solution pour naviguer dans un marché souvent imprévisible, offrant une valeur plus stable tout en permettant des transactions rapides et sécurisées.

Au fil des chapitres, nous avons également exploré des thèmes contemporains, tels que la finance décentralisée (DeFi), les NFTs, et le métavers, les RWA etc.

La DeFi représente une véritable révolution, permettant aux utilisateurs d'accéder à des services financiers sans intermédiaires, rendant le système plus accessible et transparent. Les NFTs, quant à eux, ont introduit un nouveau concept de propriété numérique, où chaque actif est unique et peut être échangé, vendue, ou même loué dans des environnements virtuels.

Le métavers, un concept encore en développement, soulève des questions sur l'interaction sociale et économique à l'ère numérique. En permettant aux utilisateurs d'acheter, vendre, et créer des biens virtuels à l'aide de cryptomonnaies, il ouvre la voie à des modèles économiques entièrement nouveaux.

Un autre aspect fascinant que nous avons abordé est la relation entre l'intelligence artificielle et les cryptomonnaies. L'IA joue un rôle crucial dans l'analyse des données du marché, la gestion des risques et l'optimisation des transactions. Des projets novateurs utilisent l'IA pour améliorer les plateformes d'échange, prédire les tendances du marché et même aider à la création de nouveaux actifs numériques.

Tout au long de notre exploration, nous avons également soulevé des questions réflexives. Serait-il sage de remplacer les banques traditionnelles par des services DeFi ? Quelle valeur attribuer à un NFT par rapport à une œuvre d'art physique ? Quelles seraient les implications éthiques de vivre dans un métavers où les transactions se font uniquement en cryptomonnaies ? Ces questions ne sont pas seulement théoriques ; elles touchent directement notre quotidien et notre avenir.

Au final, l'univers des cryptomonnaies est une sphère riche et complexe, remplie de possibilités mais aussi de défis. Alors que nous continuons à naviguer dans cet écosystème, il est essentiel d'aborder chaque investissement avec prudence et réflexion. Les cryptomonnaies sont plus qu'une simple tendance ; elles représentent un changement fondamental dans notre manière de penser la valeur, la propriété, et les échanges.

En te lançant dans l'aventure des cryptomonnaies, souviens-toi que chaque pas que tu feras sera une exploration, une découverte. Que tu choisisses de te plonger dans la DeFi, d'explorer les NFTs ou de participer au métavers, rappelle-toi que cette technologie est encore jeune et en développement. Sois curieux, reste informé, et n'hésite pas à poser des questions.

L'avenir des cryptomonnaies est prometteur, et il t'appartient de faire partie de cette révolution. Quelles que soient tes aspirations ou tes préoccupations, sache que tu es désormais armé d'une meilleure compréhension de ce monde fascinant. Embrasse le changement et explore toutes les opportunités qu'il a à offrir.

Je te souhaite bonne chance dans ce nouvel univers.

Alexis

www.ingramcontent.com/pod-product-compliance
Lightning Source LLC
Chambersburg PA
CBHW070423240526
45472CB00020B/1174